kochen & genießen

Landfrauen-Küche

Mit guten Zutaten und Deiner Kochkunst kannst Du liebe Anke Deine Lieben oft verwöhnen

Dies wünscht Dir Annelies

Gera, 19. 7. 2019

MOEWIG

GELINGT IMMER!
GARANTIE
Alle Rezepte 3 Mal getestet

„Gelingt immer!“ steht auf dem Garantiesiegel des Buchcovers. Dieser Qualitätsanspruch ist uns wichtig, damit bei Ihnen zu Hause auch wirklich alles reibungslos klappt. **Dafür wird jedes Rezept von unserer Redaktion mehrfach getestet.** Ernährungswissenschaftler kochen und backen die Rezepte in unserer Versuchsküche nach. Die Foodstylisten verwenden für die Fotos nur echte Lebensmittel, damit alles natürlich ist und auch so aussieht. Nur wenn die Rezepte perfekt gelingen, veröffentlichen wir sie. Dafür steht unser Siegel.

Moewig bei ZS
Die ZS Verlag GmbH ist ein Unternehmen der Edel AG, Hamburg.
www.zsverlag.de | www.facebook.com/zsverlag

Kaiserstraße 14b, D-80801 München
1. Auflage 2018

Redaktion kochen & genießen:
Chefredaktion: Jessika Brendel
Konzeption, Text & Redaktion: Stefanie Reifenrath
Redaktion: Angela Berger, Volker Eggers
Schlussredaktion: Lektornet
Layout:
Redaktion Food & Foto Experts; Ilka Wirdemann (Ltg.),
Matthew Wolter; Claudia Dainat
Fotos: Redaktion Food & Foto Experts; Ilka Wirdemann (Ltg.)

Druck & Bindung:
optimal media GmbH, Glienholzweg 7,
17207 Röbel/Müritz

Printed in Germany

ISBN 978-3-96292-001-2

Willkommen zu einer köstlichen Landpartie!

Auf dem Lande, da versteht man sich aufs Genießen! Und das gilt natürlich besonders fürs Essen: Fantasievoll und bodenständig sind die Gerichte, saisonal und raffiniert, mit natürlichen Zutaten und immer mit einer großen Portion Liebe. Der Lauf der Jahreszeiten spielt eine wichtige Rolle. Obst und Gemüse kommen frisch aus dem Garten oder oft auch, sorgfältig eingekocht, aus dem Einmachglas im Vorratsschrank.

Zarte Frühlingskräuter, neue Kartoffeln und die ersten Erdbeeren läuten das kulinarische Jahr ein, im Sommer locken die leuchtenden Schätze aus dem Garten und vom Feld, bis im Herbst die Erntesaison ihren Höhepunkt erreicht. Im Winter verbringen wir mit unseren Lieblingsmenschen wieder gern Zeit im Haus, beim gemütlichen Kaffeeklatsch am Kamin oder bei Deftigem aus dem großen Schmortopf.

Für dieses Buch hat die Redaktion gestandenen Landfrauen in die Töpfe gucken dürfen und dabei nicht nur wunderbare Anregungen für die Alltagsküche gefunden, sondern auch Köstliches für sonntags und besondere Anlässe. Denn Gastlichkeit und Feiern werden auf dem Land großgeschrieben. Nicht zu kurz kommen die süßen Verwöhnmomente – denken Sie nur an rahmige Bauerntorten, üppige Obstkuchen, hausgebackene kleine Küchlein und himmlische Süßspeisen.

Wir wünschen Ihnen zahlreiche Anregungen durch die Rezepte unseres Ausflugs in die ländliche Küche sowie viel Freude beim Nachkochen, Mitbacken und Schlemmen!

Ihre Redaktion
kochen & genießen

INHALT

FRÜHLING

SOMMER

HERBST

Genießen im Frühling

In der Landküche erwacht das Leben: Frische Kräuter, Rhabarber und Spargel läuten den Lenz ein. Kohlrabi, Radieschen sowie neue Kartoffeln folgen dann bald, und die ersten saftigen Erdbeeren versüßen uns die länger werdenden Tage

Maischolle mit Krabben-Speck-Stippe

ZUTATEN FÜR 4 PERSONEN

- 2 Salatgurken • Salz • 1 TL Zucker
- 2 Äpfel (z. B. Jonagold) • 5 Stiele Dill
- 150 g Vollmilchjoghurt • Pfeffer
- 800 g Kartoffeln
- 6 Stiele Petersilie • 2 Zwiebeln
- 100 g Speckwürfel
- 4 küchenfertige Schollen (à ca. 250 g)
- 2 EL Zitronensaft • 4 EL Mehl
- 4 EL Öl • 2 EL Butter
- 100 g Nordseekrabbenfleisch

1 FÜR DEN SALAT Gurken waschen und eventuell schälen. In dünne Scheiben hobeln, mit 1 TL Salz und Zucker mischen und ca. 10 Minuten ziehen lassen. Äpfel waschen, vierteln, entkernen und in dünne Scheiben hobeln. Dill waschen und fein schneiden. Joghurt mit Salz und Pfeffer würzen. Gurkenscheiben ausdrücken. Gurken, Äpfel und Joghurt verrühren und ziehen lassen.

2 Kartoffeln schälen, waschen und in Salzwasser ca. 20 Minuten kochen. Petersilie waschen und fein hacken. Zwiebeln schälen und fein würfeln. Speck in einer großen Pfanne knusprig braten. Zwiebeln zufügen und 1–2 Minuten mitbraten. Herausnehmen und warm stellen.

3 FÜR DEN FISCH Schollen abspülen, trocken tupfen und die dunkle Hautseite mit einem Messer leicht einschneiden. Schollen mit Zitronensaft beträufeln. Mit Salz und Pfeffer würzen. In Mehl wenden, überschüssiges Mehl leicht abklopfen.

4 Öl im Speckfett erhitzen. Schollen darin portionsweise zunächst auf der weißen, dann auf der dunklen Seite jeweils 5–7 Minuten goldbraun braten. Fertige Schollen warm stellen.

5 Kartoffeln abgießen. Butter und Petersilie zufügen, durchschwenken. Schollen und Kartoffeln anrichten. Krabben unter die Speckmischung rühren und auf den Schollen verteilen. Gurken-Apfel-Salat dazu reichen.

ZUBEREITUNGSZEIT ca. 1 Std.
PORTION ca. 610 kcal
E 44 g · F 21 g · KH 55 g

Bauernhuhn mit Bärlauchbutter

ZUTATEN FÜR 4 PERSONEN

- 1 Bund Bärlauch (ca. 50 g)
- 75 g weiche Butter
- abgeriebene Schale von 1 Bio-Zitrone
- 1 küchenfertiges Bauernhähnchen (ca. 1,7 kg) ♥ Salz ♥ Pfeffer
- 2 Möhren ♥ 3 kleine Zwiebeln
- 400 ml Geflügelfond (Glas)
- 250 g Kirschtomaten
- 500 g Brokkoli
- 1 Bio-Zitrone
- *Holzspießchen* ♥ *Küchengarn*

1 Bärlauch waschen und fein hacken. Mit Butter und Zitronenschale verrühren. Hähnchen von innen und außen waschen, trocken tupfen und mit Salz und Pfeffer würzen. Die Haut der Brust von der Bauchöffnung her lösen. Hälfte Bärlauchbutter darunter verteilen und die Haut glatt streichen. Rest Butter in den Bauch geben. Öffnung mit Holzspießchen zustecken und zubinden. Hähnchen auf die Fettpfanne setzen. Im vorgeheizten Backofen (E-Herd: 180 °C/Umluft: 160 °C/Gas: s. Hersteller) 1 ½–1 ¾ Stunden braten.

2 Möhren schälen, waschen und in Scheiben schneiden. Zwiebeln schälen, in Spalten schneiden. Beides nach ca. 45 Minuten ums Hähnchen verteilen. Nach ca. 1 Stunde Fond angießen.

3 Kirschtomaten waschen und ca. 15 Minuten vor Bratzeitende mit auf die Fettpfanne geben.

4 Brokkoli putzen, waschen und in Röschen vom Strunk schneiden. In wenig kochendem Salzwasser ca. 5 Minuten garen. Abgießen. Zitrone waschen und in Scheiben schneiden.

5 Hähnchen aus dem Ofen nehmen. Brokkoli mit Fond und Gemüse vom Blech mischen. Mit Salz und Pfeffer abschmecken. Hähnchen mit Gemüse und Zitronenscheiben anrichten. Dazu schmecken Röstkartoffeln.

ZUBEREITUNGSZEIT ca. 2 Std.
PORTION ca. 740 kcal
E 69 g · F 46 g · KH 7 g

Spargel-Flammkuchen

ZUTATEN FÜR 6 STÜCKE

- 500 g weißer Spargel
- 100 g Schmand
- Salz • Pfeffer
- 100 g Gouda (Stück)
- 1 Packung (260 g) frischer Flammkuchenteig (Kühlregal)
- 2 EL (ca. 25 g) Schinkenwürfel
- 4 Stiele Kerbel

1 Spargel waschen, schälen und die holzigen Enden abschneiden. Stangen, bis auf die Spitzen, schräg in dünne Scheiben schneiden. Schmand mit Salz und Pfeffer würzen. Käse raspeln.

2 Teig samt Backpapier auf einem Backblech entrollen. Mit Schmand bestreichen. Spargel, Schinkenwürfel und Käse darauf verteilen. Im vorgeheizten Backofen (E-Herd: 230 °C/ Umluft: 210 °C/Gas: s. Hersteller) ca. 15 Minuten backen.

3 Inzwischen Kerbel waschen, Blättchen hacken. Flammkuchen damit bestreuen und sofort servieren.

ZUBEREITUNGSZEIT ca. 40 Min.
STÜCK ca. 230 kcal
E 10 g · F 11 g · KH 22 g

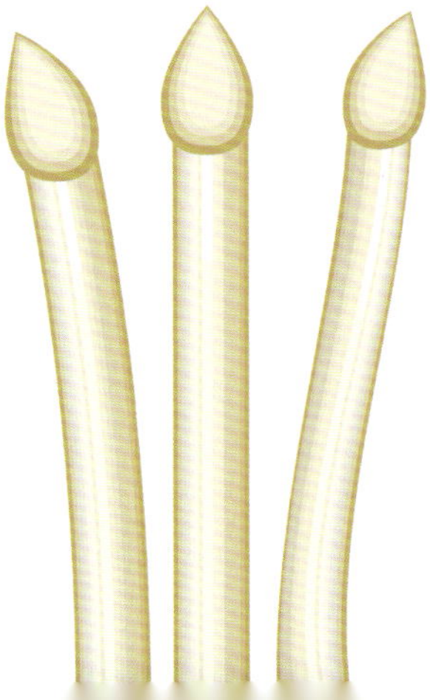

Backkartoffeln mit Radieschenquark

ZUTATEN FÜR 4 PERSONEN

- 4 Backkartoffeln (à ca. 350 g)
- 2 TL grobes Meersalz
- 1 großes Bund Radieschen mit frischen Blättern
- 500 g Magerquark
- 1–2 EL Zitronensaft
- 1 TL Zucker
- 5–6 EL fettarme Milch
- Salz • Pfeffer
- 1 Zwiebel (z. B. rot)
- 1 Knoblauchzehe
- 1 TL Olivenöl
- *Backpapier*

1 Kartoffeln waschen, in kochendem Wasser ca. 20 Minuten vorgaren. Kartoffeln abgießen und nebeneinander auf ein mit Backpapier ausgelegtes Blech legen. Mit Meersalz bestreuen. Im vorgeheizten Backofen (E-Herd: 230 °C/Umluft: 210 °C/Gas: s. Hersteller) ca. 30 Minuten backen.

2 FÜR DEN QUARK Radieschen putzen, Blätter abzupfen und beiseitelegen. Radieschen waschen und in feine Streifen schneiden. Quark, Zitronensaft, Zucker und Milch glatt rühren. Radieschen unterrühren. Mit Salz und Pfeffer abschmecken.

3 FÜR DIE GEDÜNSTETEN BLÄTTER Zwiebel schälen und in feine Streifen schneiden. Knoblauch schälen und fein hacken. Radieschenblätter waschen. Öl in einer Pfanne erhitzen. Zwiebel und Knoblauch darin ca. 1 Minute dünsten. Blätter zugeben und ca. 1 Minute mitdünsten. Mit Salz und Pfeffer würzen.

4 Kartoffeln längs einschneiden und mit Quark füllen. Gedünstete Radieschenblätter darauf anrichten.

ZUBEREITUNGSZEIT ca. 1 Std.
PORTION ca. 320 kcal
E 24 g · F 2 g · KH 49 g

Gefüllte Tomaten mit Wildkräutern

ZUTATEN FÜR 4 PERSONEN

- ca. 50 g gemischte Wildkräuter (z. B. Brennnessel, Löwenzahn, Sauerampfer, Spitzwegerich)
- 2 EL junge Spitzwegerichknospen
- 1 Zwiebel • 1 EL Öl • Salz • Pfeffer
- 4 Tomaten

1 Kräuter und Spitzwegerichknospen waschen. Kräuter grob hacken. Zwiebel schälen und fein würfeln.

2 Öl in einer Pfanne erhitzen. Zwiebel darin ca. 2 Minuten andünsten. Kräuter und Knospen zufügen und ca. 3 Minuten mitdünsten. Mit Salz und Pfeffer würzen. Tomaten waschen, halbieren und die Kräuter darauf anrichten.

ZUBEREITUNGSZEIT ca. 10 Min.
PORTION ca. 40 kcal
E 1 g · F 3 g · KH 3 g

Schafskäse mit essbaren Blüten

ZUTATEN FÜR 4 PERSONEN

- 200 g Feta
- 25 g essbare Blüten (z. B. von Ringelblume und Dost)
- 2 EL Olivenöl • Salz • Pfeffer

Feta mit einer Gabel grob zerdrücken. Blüten vorsichtig waschen und klein zupfen. Blüten und Öl zum Feta geben und alles gut durchmischen. Mit Salz und Pfeffer abschmecken und ca. 1 Stunde ziehen lassen. Dazu schmeckt knuspriges Bauernbrot.

ZUBEREITUNGSZEIT ca. 10 Min. + Wartezeit ca. 1 Std.
PORTION ca. 190 kcal
E 10 g · F 14 g · KH 5 g

Kräuterklöße mit grüner Soße

ZUTATEN FÜR 4 PERSONEN

- 1 kg mehligkochende Kartoffeln (ersatzweise vorwiegend festkochende)
- 4 Eier (Gr. M)
- 1 kleine Zwiebel
- 8–10 Blätter Bärlauch
- 200 g Mett (gewürztes Schweinehack)
- 1 EL Semmelbrösel • Pfeffer
- 2–3 EL Öl
- 140–180 g Kartoffelstärke
- Salz • Muskat
- Mehl für die Hände
- je ½ Bund Petersilie, Kerbel und Schnittlauch
- ½ Beet Kresse
- 150 g stichfeste saure Sahne
- 150 g Vollmilchjoghurt • Zucker

1 FÜR DIE KLÖSSE Kartoffeln waschen und in Wasser ca. 20 Minuten kochen. 2 Eier ca. 10 Minuten hart kochen, abschrecken, schälen und abkühlen lassen.

2 Zwiebel schälen und fein würfeln. Bärlauch waschen und fein schneiden. Mett, Zwiebel, Bärlauch, Semmelbrösel und Pfeffer verkneten. Aus der Masse ca. 10 walnussgroße Bällchen formen. Öl in einer Pfanne erhitzen. Mettbällchen darin bei mittlerer Hitze rundherum ca. 3 Minuten braten. Herausnehmen.

3 Kartoffeln abgießen, schälen und heiß durch eine Kartoffelpresse drücken oder reiben. Kartoffeln, 2 Eier, 140 g Stärke, Salz und Muskat glatt verkneten. Falls der Teig zu feucht ist, nach und nach noch etwas Kartoffelstärke unterkneten, bis er sich formen lässt.

4 Aus der Kloßmasse mit bemehlten Händen ca. 10 Klöße formen, dabei jeweils 1 Mettbällchen in die Mitte geben. Klöße in reichlich siedendem Salzwasser 15–20 Minuten gar ziehen lassen.

5 FÜR DIE GRÜNE SOSSE Kräuter waschen. Petersilie und Kerbel hacken, Schnittlauch in Röllchen und Kresse vom Beet schneiden. Gekochte Eier würfeln und durch ein grobes Sieb streichen oder grob pürieren. Saure Sahne, Joghurt, Eier und Kräuter verrühren. Mit Salz, Pfeffer und etwas Zucker abschmecken.

6 Klöße aus dem Wasser heben und abtropfen lassen. Klöße mit grüner Soße anrichten.

ZUBEREITUNGSZEIT ca. 1 ¼ Std.
PORTION ca. 670 kcal
E 27 g · F 29 g · KH 71 g

Matjes zu Kartoffel-Bohnen-Salat „Hausfrauenart“

ZUTATEN FÜR 4 PERSONEN

- 800 g kleine neue Kartoffeln
- 600 g grüne Bohnen ♥ Salz
- 5 Stiele Dill
- 100 g Schmand
- 100 g Salatcreme (z. B. mit Joghurt)
- 4 EL Milch ♥ Pfeffer ♥ 1 TL Zucker
- 3 EL Apfelessig ♥ 1 rote Zwiebel
- 1 Apfel (z. B. Idared)
- 8 küchenfertige Matjesfilets (à ca. 60 g)

1 Kartoffeln gründlich waschen und in Wasser ca. 20 Minuten kochen. Bohnen waschen, putzen und halbieren. In kochendem Salzwasser ca. 12 Minuten garen. Kartoffeln und Bohnen abgießen und abkühlen lassen.

2 FÜR DIE SOSSE Dill waschen und Fähnchen fein schneiden. Schmand, Salatcreme und Milch verrühren. Mit Salz, Pfeffer, Zucker und Essig kräftig abschmecken. Dill unterrühren.

3 Zwiebel schälen und in Streifen schneiden. Kartoffeln vierteln oder in Spalten schneiden. Apfel waschen, vierteln, entkernen und in Spalten schneiden. Spalten halbieren.

4 Kartoffeln, Bohnen, Zwiebel und Apfel mit der Soße mischen und ca. 15 Minuten ziehen lassen. Mit Salz und Pfeffer abschmecken. Matjes abspülen, trocken tupfen und mit dem Salat anrichten.

ZUBEREITUNGSZEIT ca. 40 Min. + Wartezeit ca. 1 Std.
PORTION ca. 700 kcal
E 31 g · F 39 g · KH 51 g

MATJES WASCHEN Heutzutage sind Matjes nicht mehr so stark gesalzen wie früher. Deshalb brauchen die Filets nicht gewässert zu werden, es reicht, sie unter fließendem kaltem Wasser abzuspülen.

Schweinesteaks mit Speck und jungen Möhren

ZUTATEN FÜR 4 PERSONEN

- 500 g kleine neue Kartoffeln
- 500 g Bundmöhren
- Salz (z. B. grobes Meersalz)
- 4 EL Olivenöl
- 4 Schweinerückensteaks (à ca. 180 g)
- Pfeffer ♥ 1 EL Ahornsirup
- 100 g Frühstücksspeck (Bacon)
- 1 Zwiebel
- 1 EL Butter ♥ 1 TL Mehl
- 1 TL Gemüsebrühe (instant)

1 Kartoffeln waschen. Möhren schälen und waschen. Beides längs halbieren. Auf der Fettpfanne des Backofens mit 1 TL Meersalz und 2 EL Öl mischen. Im vorgeheizten Backofen (E-Herd: 230 °C/ Umluft: 210 °C/Gas: s. Hersteller) ca. 20 Minuten backen.

2 Steaks trocken tupfen. 2 EL Öl in einer großen Pfanne erhitzen. Steaks darin pro Seite ca. 3 Minuten kräftig braten. Mit Salz und Pfeffer würzen. Herausnehmen.

3 Gemüse auf der Fettpfanne etwas zusammenschieben und mit Ahornsirup beträufeln. Steaks mit auf die Fettpfanne legen. Speckscheiben auf die Steaks legen und alles ca. 10 Minuten weiterbacken.

4 Zwiebel schälen und fein würfeln. Butter im Bratfett erhitzen. Zwiebel darin andünsten. Mit Mehl bestäuben. 250 ml Wasser unter Rühren zugießen und aufkochen. Brühe einrühren und die Soße etwas einkochen lassen. Mit Salz und Pfeffer abschmecken. Gemüse und Fleisch anrichten und die Soße dazu reichen.

ZUBEREITUNGSZEIT ca. 45 Min.
PORTION ca. 540 kcal
E 48 g · F 25 g · KH 29 g

Kartoffel-Eier-Salat mit Radieschen und gekochtem Schinken

ZUTATEN FÜR 4 PERSONEN

- 1 kg neue Kartoffeln
- 4 Eier
- 1 Bund Radieschen
- 1 Zwiebel (z. B. rot)
- 150 g gekochter Schinken (Stück)
- 150 g Schmand
- 2 EL Salatmayonnaise
- 3 EL Weißweinessig
- 2 EL mittelscharfer Senf
- Salz • Pfeffer • Zucker
- 1 Bund Schnittlauch

1 Kartoffeln waschen und in Wasser ca. 20 Minuten kochen. Dann abgießen, etwas abkühlen lassen, nach Belieben schälen und auskühlen lassen.

2 Eier ca. 10 Minuten hart kochen. Abschrecken, schälen und auskühlen lassen. Radieschen waschen und in Scheiben schneiden. Zwiebel schälen und in Ringe schneiden. Schinken in kleine Würfel schneiden. Kartoffeln in dicke Scheiben schneiden.

3 FÜR DAS DRESSING Schmand, Mayonnaise, Essig und Senf glatt rühren. Mit Salz, Pfeffer und 1 Prise Zucker abschmecken. Schnittlauch waschen, in Röllchen schneiden und in das Dressing rühren.

4 Eier vierteln. Mit vorbereiteten Salatzutaten und Dressing mischen. Mit Salz und Pfeffer abschmecken.

ZUBEREITUNGSZEIT ca. 40 Min. + Wartezeit ca. 1 Std.
PORTION ca. 530 kcal
E 24 g · F 27 g · KH 42 g

MIT SCHALE ESSEN

Die Schale von neuen Kartoffeln ist so zart, dass man sie gut mitessen kann. Die Knollen am besten mit einer Gemüsebürste gründlich schrubben.

Frühlings-Gemüsesuppe

ZUTATEN FÜR 4 PERSONEN

- 2 Kohlrabi (ca. 600 g)
- 1 kleiner Spitzkohl (ca. 400 g)
- 150 g Zuckerschoten
- 2–3 große Kartoffeln
- 1 Zwiebel
- 2 EL Öl
- Salz ♥ Pfeffer
- 200 g TK-Erbsen
- 1 Töpfchen Kerbel
- ½ Bund Schnittlauch
- 100 g Schlagsahne
- 1–2 TL Zitronensaft

1 Kohlrabi, Spitzkohl und Zuckerschoten schälen bzw. putzen und waschen. Kohlrabi in Spalten, Spitzkohl in Streifen vom Strunk schneiden. Zuckerschoten je nach Größe ganz lassen oder halbieren. Kartoffeln schälen, waschen und in kleine Würfel schneiden. Zwiebel schälen und fein würfeln.

2 Öl in einem großen Topf erhitzen. Zwiebel darin glasig dünsten. Kohlrabi und Kartoffeln kurz mitdünsten und mit Salz und Pfeffer würzen. 1,5 l heißes Wasser angießen und aufkochen. Zugedeckt ca. 5 Minuten köcheln.

3 Spitzkohl, Zuckerschoten und gefrorene Erbsen zur Suppe geben, erneut aufkochen und alles zugedeckt weitere 6–8 Minuten köcheln.

4 Kerbel und Schnittlauch waschen. Kerbelblättchen abzupfen, Schnittlauch in Röllchen schneiden. Sahne und Kräuter in die Suppe rühren und nochmals kurz aufkochen. Mit Salz, Pfeffer und Zitronensaft abschmecken.

ZUBEREITUNGSZEIT ca. 45 Min.
PORTION ca. 280 kcal
E 10 g · F 14 g · KH 28 g

Backfisch mit Püree und Radieschen-Remoulade

ZUTATEN FÜR 4 PERSONEN

- ½ Bund Radieschen
- ½ Salatgurke
- 1 Zwiebel
- 1 Bund Dill
- 200 g Schmand
- 4 EL (ca. 100 g) leichte Salatcreme
- Salz ♥ Pfeffer
- 800 g Kartoffeln
- 2 Scheiben Vollkorntoastbrot
- 500 g Kabeljaufilet ♥ 2 EL Öl
- 250 ml Milch ♥ Muskat

1 FÜR DIE REMOULADE Radieschen putzen und waschen. Gurke waschen. Zwiebel schälen. Alles fein würfeln. Dill waschen, Fähnchen hacken. Schmand und 2 EL Salatcreme verrühren. Mit Salz und Pfeffer würzen. Mit Radieschen, Gurke, Zwiebel und Dill verrühren. Ca. 30 Minuten ziehen lassen.

2 Inzwischen Kartoffeln schälen, waschen und in Salzwasser ca. 20 Minuten kochen.

3 FÜR DEN FISCH Toast im Universalzerkleinerer fein hacken. Fisch abspülen, trocken tupfen und in 4 Stücke schneiden. Mit Salz und Pfeffer würzen. Fisch mit 2 EL Salatcreme bestreichen und dann in Toastbröseln wenden. Öl in einer beschichteten Pfanne erhitzen. Fisch darin pro Seite ca. 2 Minuten braten.

4 Kartoffeln abgießen. Milch zufügen und alles grob zerstampfen. Mit Salz und Muskat abschmecken. Mit Fisch und Remoulade anrichten.

ZUBEREITUNGSZEIT ca. 45 Min.
PORTION ca. 510 kcal
E 30 g · F 25 g · KH 40 g

LEICHTE ALTERNATIVE

Frühlingsfrisch werden Remoulade und Kartoffelstampf mit Buttermilch. Sie ist kalorienarm und schmeckt mild-säuerlich. Einfach die Remoulade mit nur 100 g Schmand, 1 EL Salatcreme und 100 g Buttermilch anrühren und das Püree statt mit Milch mit 250 g Buttermilch zubereiten. Im Nu haben Sie pro Portion 80 Kalorien und 9 g Fett gespart.

Schweinefilet im Baconmantel

ZUTATEN FÜR 6 PERSONEN
- 2 Schalotten oder 1 kleine Zwiebel ♥ 1 Knoblauchzehe
- 100 g getrocknete Softtomaten
- 1–2 TL getrockneter Thymian
- abgeriebene Schale von ½ Bio-Zitrone
- 2 EL rotes Pesto (Glas) ♥ Pfeffer ♥ 75 g Butter
- 1,25 kg mittelgroße Kartoffeln ♥ Salz
- 75 g Parmesan (Stück)
- 2 große Schweinefilets (à ca. 500 g)
- 200 g Bacon (Frühstücksspeck)
- 2 EL Öl ♥ 5–7 EL trockener Sherry
- 400 ml Gemüsefond (Glas) ♥ 1 TL Speisestärke ♥ Zucker
- *Holzspießchen*

1 Schalotten schälen und fein würfeln. Knoblauch schälen und hacken. Tomaten sehr fein würfeln. Alles mit Thymian, Zitronenschale und Pesto verrühren. Mit Pfeffer würzen.

2 Butter schmelzen. Ein Backblech dünn mit etwas Butter bestreichen. Kartoffeln schälen und waschen. Jede Kartoffel auf einen Esslöffel legen und dicht an dicht senkrecht bis zum Löffelrand einschneiden. Mit den Einschnitten nach oben aufs Blech legen. Mit der Hälfte Butter bestreichen und mit Salz würzen. Im vorgeheizten Backofen (E-Herd: 180 °C/ Umluft: 160 °C/Gas: s. Hersteller) ca. 30 Minuten backen. Zwischendurch mit übriger Butter bestreichen. Parmesan reiben.

3 Fleisch trocken tupfen. Von den Enden der Filets her mit einem spitzen Messer in die Mitte ein Loch durchstechen. Einen Kochlöffelstiel hineinstecken und die Öffnung etwas weiten. Tomatenmix mithilfe des Löffels von beiden Seiten dicht in die Filets stopfen. Enden evtl. mit Holzspießchen zustecken. Fleisch rundherum mit Pfeffer würzen und fest mit Bacon umwickeln.

4 Öl in einer großen Pfanne erhitzen. Fleisch darin rundherum kräftig anbraten. Zu den Kartoffeln aufs Backblech legen. Kartoffeln mit Parmesan bestreuen und alles bei gleicher Temperatur 25–30 Minuten zu Ende braten.

5 Bratensatz in der Pfanne mit Sherry und Fond ablöschen. Aufkochen und ca. 5 Minuten einkochen. Stärke und 2 EL Wasser glatt rühren. In den kochenden Fond rühren und ca. 1 Minute köcheln. Soße mit Salz, Pfeffer und 1 Prise Zucker abschmecken. Warm stellen.

6 Filet aus dem Ofen nehmen, aufschneiden und mit Sherrysoße und Kartoffeln anrichten. Dazu passen junge Möhren und Romanesco mit Mandelblättchen.

ZUBEREITUNGSZEIT ca. 1 ¾ Std.
PORTION ca. 670 kcal
E 52 g · F 35 g · KH 29 g

Grüner Spargelsalat mit Parmesan

ZUTATEN FÜR 10 PERSONEN

- 1 kg grüner Spargel
- 2 Kohlrabi
- 1 Zwiebel
- 5 EL Öl
- Salz ♥ Pfeffer
- 800 g TK-Erbsen
- 1 Töpfchen Kerbel
- 2 Zitronen (davon 1 bio)
- 3 Salatherzen (z. B. Kopfsalat oder Römersalat)
- 100 g Parmesan (Stück)

1 Spargel waschen und die holzigen Enden abschneiden. Spargel in Stücke schneiden. Kohlrabi schälen, waschen und in dünne Spalten schneiden. Zwiebel schälen und fein würfeln.

2 2 EL Öl in einem Topf erhitzen. Zwiebel darin andünsten. Kohlrabi zufügen. Mit Salz und Pfeffer würzen. 200 ml Wasser angießen. Aufkochen und zugedeckt ca. 4 Minuten dünsten. Spargel zufügen. Alles ca. 3 Minuten weiterdünsten. Zum Schluss gefrorene Erbsen zufügen, aufkochen und Topf vom Herd ziehen. Gemüse samt Kochwasser in eine große Schüssel füllen.

3 Kerbel waschen, Blättchen abzupfen. Bio-Zitrone heiß waschen und die Schale abreiben. Beide Zitronen auspressen. Zitronenschale und -saft, Kerbel und 3 EL Öl verrühren. Marinade mit dem Gemüse mischen, abschmecken. Salat putzen, waschen und in Stücke zupfen. Parmesan reiben. Vor dem Servieren Salatblätter und Parmesan unter den Salat mischen.

ZUBEREITUNGSZEIT ca. 50 Min.
PORTION ca. 190 kcal
E 10 g · F 9 g · KH 15 g

MIT FEINEN KRÄUTERN

Kerbel verleiht dem Salat eine milde Anisnote. Ersatzweise können Sie auch 5–6 Stiele Basilikum oder Dill nehmen.

Lammlachse mit Olivenkruste

ZUTATEN FÜR 4 PERSONEN

- 750 g festkochende Kartoffeln
- Fett für die Förmchen
- 200 g Schlagsahne
- 100 ml Milch ♥ Salz ♥ Pfeffer
- 2 Scheiben Toastbrot
- 1 Bund Thymian ♥ 1 Knoblauchzehe
- 2 EL grüne Oliven (ohne Stein)
- 2 EL weiche Butter
- 4 Lammlachse (à ca. 150 g; ausgelöster Lammrücken) ♥ 1 EL Öl

1 FÜR DAS GRATIN Kartoffeln schälen, waschen und in dünne Scheiben hobeln oder schneiden. 4 kleine ofenfeste Förmchen oder 1 große Form fetten. Kartoffeln dachziegelartig einschichten. Sahne, Milch, Salz und Pfeffer verrühren, darübergießen. Im vorgeheizten Backofen (E-Herd: 200 °C/Umluft: 180 °C/Gas: s. Hersteller) ca. 45 Minuten backen.

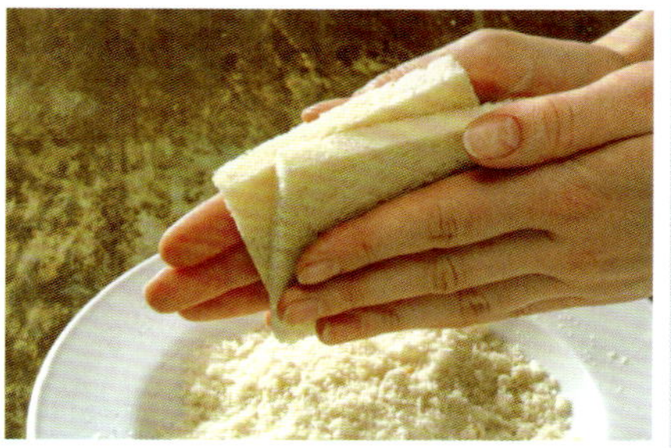

2 FÜR DIE KRUSTE Toastscheiben zwischen den Fingern zerbröseln. Thymian waschen, Blättchen abzupfen. Knoblauch schälen. Knoblauch und Oliven hacken. Alles mit Salz, Pfeffer und Butter verkneten.

3 Fleisch trocken tupfen. Öl in einer Pfanne erhitzen. Lammlachse darin rundherum anbraten. Mit Salz und Pfeffer würzen und in eine gefettete ofenfeste Form legen. Olivenmasse auf dem Fleisch andrücken. Ca. 15 Minuten vor Backzeitende zum Gratin stellen und mitbacken. Alles anrichten. Dazu schmecken Bohnen-Speck-Päckchen und gebratene Kirschtomaten.

ZUBEREITUNGSZEIT ca. 1 ¼ Std.
PORTION ca. 560 kcal
E 38 g · F 29 g · KH 33 g

Frankfurter grüne Suppe

ZUTATEN FÜR 8 PERSONEN

- 2 Zwiebeln
- 600 g Kartoffeln • 2 EL Öl
- 3–4 TL Gemüsebrühe (instant)
- 2 Bund Kräuter für Frankfurter grüne Soße
- 400 g Schmand
- Salz • Pfeffer • Zucker

1 Zwiebeln schälen und würfeln. Kartoffeln schälen, waschen und in Stücke schneiden. Öl in einem Topf erhitzen. Zwiebelwürfel darin glasig dünsten. Kartoffeln zufügen und kurz mitdünsten. 2 l Wasser zugießen. Aufkochen, Brühe einrühren und zugedeckt ca. 15 Minuten köcheln.

2 Kräuter waschen und fein schneiden oder hacken. In die Suppe rühren und ca. 2 Minuten weiterköcheln. Hälfte Schmand einrühren. Suppe mit dem Stabmixer fein pürieren. Mit Salz, Pfeffer und 1 Prise Zucker abschmecken.

3 Suppe in Schälchen füllen. Rest Schmand glatt rühren und in Klecksen auf der Suppe verteilen.

ZUBEREITUNGSZEIT ca. 50 Min.
PORTION ca. 210 kcal
E 8 g · F 13 g · KH 13 g

Dazu schmecken Blätterteigkissen

2 rechteckige Scheiben TK-Blätterteig (à 75 g) auftauen lassen. Von der langen Seite der Scheiben je 8 dünne Streifen abschneiden. Scheiben in je 8 Rechtecke schneiden. Auf einem mit **Backpapier** ausgelegtem Backblech mit **1 verquirltem Ei** bestreichen. Teigstreifen zu Schleifen legen, auf die Teigstücke setzen und mit Rest Ei bestreichen. Im vorgeheizten Backofen (E-Herd: 200 °C/Umluft: 180 °C/Gas: s. Hersteller) 10–12 Minuten backen.

Spanferkelrücken mit Rahmspitzkohl

ZUTATEN FÜR 6–8 PERSONEN

- 4 Zwiebeln • 2 Knoblauchzehen
- 1 Stück (ca. 3 cm) Ingwer
- Saft von 1 Limette • 4 EL Öl
- 3 TL Asia-Wok-Gewürzzubereitung
- 2 EL brauner Zucker • Salz • Pfeffer
- 2 kg Spanferkelrücken (ohne Knochen, mit Schwarte; beim Fleischer vorbestellen)
- Öl für die Fettpfanne
- 1 großer Spitzkohl (ca. 1 kg) • 1 EL Butter
- 200 g Schlagsahne
- 1–2 TL Sambal Oelek
- 350 g Duftreis (z. B. Jasminreis)
- ca. 8 Stiele Koriander • *Alufolie*

1 FÜR DIE WÜRZPASTE Zwiebeln schälen, 3 fein würfeln und 1 Zwiebel fein reiben. Knoblauch und Ingwer schälen und ebenfalls reiben. Mit geriebener Zwiebel, Limettensaft, 3 EL Öl, Gewürzzubereitung und Zucker verrühren. Mit Salz und Pfeffer würzen.

2 FÜR DEN BRATEN Fleisch trocken tupfen. Schwarte dicht an dicht einritzen. Fleischseite mit Hälfte Würzpaste bestreichen. Braten mit der Fleischseite auf eine mit Öl bestrichene Fettpfanne legen. Im vorgeheizten Ofen (E-Herd: 180 °C/Umluft: 160 °C/Gas: s. Hersteller) ca. 1 ¼ Stunden braten. Backofentemperatur erhöhen (E-Herd: 230 °C/Umluft: 210 °C/Gas: s. Hersteller) und weitere ca. 25 Minuten knusprig braten, dabei die Schwarte mehrmals mit leicht gesalzenem Wasser einstreichen.

3 FÜR DIE BEILAGEN Kohl putzen, waschen und in Streifen vom Strunk schneiden. 1 EL Öl und Butter in einem großen Topf erhitzen. Zwiebelwürfel darin glasig dünsten. Kohl zufügen und ca. 8 Minuten mitdünsten. Mit Sahne ablöschen, aufkochen und zugedeckt ca. 3 Minuten köcheln. Mit Sambal Oelek und Salz abschmecken. Reis in kochendem Salzwasser nach Packungsanweisung garen.

4 Koriander waschen, Blättchen abzupfen. Braten in Alufolie wickeln und etwas ruhen lassen. Koriander unter den Reis rühren. Alles anrichten. Restliche Würzpaste dazu reichen.

ZUBEREITUNGSZEIT ca. 2 Std.
PORTION ca. 780 kcal
E 55 g · F 41 g · KH 43 g

BESTREICHEN

Die Gewürzpaste nur auf die später unten liegende Fleischseite pinseln, damit sie beim Braten nicht verbrennt.

Hühnerfrikassee mit Butterreis

ZUTATEN FÜR 8 PERSONEN

- 4 Hähnchenbrüste mit Haut auf Knochen (à ca. 400 g)
- 1 Bund Suppengrün
- 1 Zwiebel • Salz
- 1 Lorbeerblatt
- 1 EL schwarze Pfefferkörner
- 500 g Champignons
- 4 Möhren
- 1 kg grüner Spargel
- 300 g Zuckerschoten
- 400 g Langkornreis
- 120 g + 4 EL Butter
- 100 g Mehl
- 600 ml Milch
- 200 g Schlagsahne • Pfeffer
- 2 EL Zitronensaft

1 FÜR DIE BRÜHE Fleisch abspülen und in einem großen Topf mit ca. 3 l Wasser bedecken. Suppengrün putzen bzw. schälen, waschen und in grobe Stücke schneiden. Zwiebel schälen und halbieren. Suppengrün, Zwiebel, 1–2 EL Salz, Lorbeer und Pfefferkörner zum Fleisch geben. Alles aufkochen und zugedeckt ca. 45 Minuten köcheln.

2 Pilze putzen, waschen und halbieren. Möhren schälen, waschen, längs vierteln und in kleine Stücke schneiden. Spargel waschen und die holzigen Enden großzügig abschneiden. Spargel in Stücke schneiden. Zuckerschoten waschen und halbieren.

3 Fleisch aus der Brühe heben. Brühe durch ein Sieb gießen und auffangen. Reis in kochendem Salzwasser nach Packungsanweisung garen. 2 l Brühe aufkochen. Pilze und Gemüse darin ca. 5 Minuten vorgaren. Gemüse abgießen, dabei Brühe auffangen.

4 Haut von den Hähnchenbrüsten abziehen, Fleisch vom Knochen lösen und in Stücke schneiden.

5 FÜR DAS FRIKASSEE 120 g Butter in einem großen Topf erhitzen. Mehl darin hell anschwitzen. Hühnerbrühe, Milch und Sahne einrühren. Aufkochen und ca. 5 Minuten köcheln. Soße mit Salz, Pfeffer und Zitronensaft abschmecken. Fleisch und Gemüse in der Soße erhitzen. 4 EL Butter unter den Reis rühren. Alles anrichten.

ZUBEREITUNGSZEIT ca. 2 Std.
PORTION ca. 600 kcal
E 40 g · F 30 g · KH 37 g

FÜR DEN VORRAT

Die restliche Hühnerbrühe können Sie gut einfrieren und für Suppen oder als Basis für Soßen verwenden.

Büsumer Spargelcremesuppe mit Krabben

ZUTATEN FÜR 6 PERSONEN

- 750 g weißer Spargel
- 375 ml Milch
- 1 Würfel (50 g) Krebssuppenpaste
- 1 Bund Dill
- 200 g Schlagsahne
- Salz • Pfeffer
- 2–3 EL Zitronensaft • Zucker
- 300 g Nordseekrabbenfleisch

1 FÜR DEN SPARGELFOND Spargel waschen, schälen und die holzigen Enden abschneiden. Spargelschalen und -enden mit ca. 1,1 l Wasser aufkochen. Offen ca. 10 Minuten köcheln. Inzwischen Spargel in kurze Stücke schneiden. Spargelschalen abgießen, Fond dabei auffangen.

2 Spargelfond, Milch und Krebssuppenpaste in einem Topf aufkochen. Spargelstücke zufügen und zugedeckt ca. 5 Minuten köcheln.

3 Inzwischen Dill waschen und die Fähnchen fein schneiden. Sahne halbsteif schlagen. Suppe mit Salz, Pfeffer, Zitronensaft und 1 Prise Zucker abschmecken. Mit Krabbenfleisch und Dill anrichten.

ZUBEREITUNGSZEIT ca. 50 Min.
PORTION ca. 220 kcal
E 12 g · F 14 g · KH 10 g

NUR KURZ AUSKOCHEN
Damit der Fond für die Suppe nicht bitter wird, Spargelschalen und abgeschnittene Enden höchstens 10 Minuten kochen.

Spinatstrudel mit Tomatensahne

ZUTATEN FÜR 4 PERSONEN

- 2 Zwiebeln
- 2 Knoblauchzehen
- 1 EL Öl
- 1 kg TK-Blattspinat
- 2 TL Gemüsebrühe
- 5 Eier (Gr. M)
- 1 Packung (120 g) Strudelteig (Kühlregal)
- 3 EL Pinienkerne
- 75 g Gouda (Stück)
- Salz ♥ Pfeffer ♥ Muskat
- 3–4 EL Butter
- 3 EL Semmelbrösel
- 1 EL Tomatenmark
- 2 EL Mehl
- 200 g Schlagsahne
- 300 g Tomaten
- Edelsüßpaprika ♥ Zucker
- *Backpapier*

1 Zwiebeln und Knoblauch schälen, fein würfeln. Öl in einem weiten Topf erhitzen. Knoblauch und Hälfte Zwiebeln darin andünsten. Gefrorenen Spinat, ca. 250 ml Wasser und 1 TL Brühe zufügen. Alles aufkochen und zugedeckt 15–18 Minuten dünsten.

2 Eier hart kochen. Abschrecken und schälen. Teig in der Verpackung bei Raumtemperatur 10 Minuten ruhen lassen. Kerne ohne Fett rösten. Käse raspeln. Spinat gut ausdrücken, mit Käse und Kernen mischen. Mit Salz, Pfeffer und Muskat abschmecken.

3 2–3 EL Butter schmelzen. Teigblätter entfalten und über Kreuz auf ein feuchtes Geschirrtuch legen, dabei jeweils dünn mit Butter bestreichen. Quer einen ca. 10 cm breiten Streifen Teig mit Semmelbröseln bestreuen, dabei unten und seitlich je ca. 5 cm Rand frei lassen. Hälfte Spinat auf die Brösel geben. Eier darauflegen, Rest Spinat darum verteilen. Teig mithilfe des Tuchs fest aufrollen, dabei Seiten einklappen. Auf ein mit Backpapier ausgelegtes Backblech setzen. Mit Rest flüssiger Butter bestreichen. Im vorgeheizten Backofen (E-Herd: 200 °C/Umluft: 180 °C/Gas: s. Hersteller) ca. 30 Minuten backen.

4 FÜR DIE SOSSE 1 EL Butter in einem Topf erhitzen. Rest Zwiebeln darin andünsten. Tomatenmark und Mehl darin anschwitzen. 300 ml Wasser, Sahne und 1 TL Brühe einrühren. Aufkochen und ca. 5 Minuten köcheln. Tomaten waschen, entkernen, fein würfeln und unterrühren. Mit Salz, Pfeffer, Edelsüßpaprika und 1 Prise Zucker abschmecken. Soße zum Strudel reichen.

ZUBEREITUNGSZEIT ca. 1 ½ Std.
PORTION ca. 710 kcal
E 29 g · F 46 g · KH 39 g

Ofenspargel mit Schwarzwälder Soße und Schnitzelchen

ZUTATEN FÜR 6–8 PERSONEN

- 3 kg Spargel
- 1 TL Zucker ♥ Salz
- 6 Schweineschnitzel (à ca. 175 g)
- 3 Eier + 2 Eigelb
- 3 EL Mehl ♥ Pfeffer
- 6 EL Semmelbrösel
- 100 g Schwarzwälder Schinken (in Scheiben)
- 150 g Bergkäse (Stück)
- 8 Stiele Kerbel
- 2 EL Butter
- 600 g Schlagsahne ♥ Muskat
- 3 EL Butterschmalz ♥ *Alufolie*

1 FÜR DEN SPARGEL Spargel waschen, schälen und die holzigen Enden abschneiden. Spargel in eine Fettpfanne legen. Mit Zucker und 1 ½ TL Salz bestreuen. Mit kochendem Wasser bedecken. Fettpfanne fest mit Alufolie verschließen. Spargel im vorgeheizten Backofen (E-Herd: 200 °C/Umluft: 180 °C/Gas: s. Hersteller) ca. 40 Minuten garen.

2 FÜR DIE SCHNITZEL Fleisch trocken tupfen und flach klopfen. Jedes Schnitzel in 3 Stücke schneiden. Eier in einem tiefen Teller verquirlen. Mehl mit je 1 TL Salz und Pfeffer mischen. Schnitzel nacheinander in Mehl, Ei und Semmelbröseln wenden.

3 FÜR DIE SOSSE Schinken in Streifen schneiden. Käse fein reiben. Kerbel waschen und die Blättchen abzupfen. 2 Eigelb verquirlen. Butter in einem Topf erhitzen. Schinken darin anbraten. Mit Sahne ablöschen und aufkochen. Käse unter Rühren in der Soße schmelzen. Mit Salz, Pfeffer und Muskat abschmecken. Vom Herd nehmen und ca. 2 Minuten abkühlen lassen. Eigelb unterrühren (nicht mehr kochen!). Kerbel einrühren.

4 Butterschmalz in zwei großen Pfannen erhitzen. Schnitzel darin pro Seite ca. 2 Minuten goldbraun braten. Spargel etwas abtropfen lassen. Mit Schnitzeln und Soße anrichten. Dazu schmecken neue Kartoffeln.

ZUBEREITUNGSZEIT ca. 1 ½ Std.
PORTION ca. 640 kcal
E 48 g · F 41 g · KH 15 g

Lachs in Blätterteig mit Frühlingsgemüse

ZUTATEN FÜR 4 PERSONEN

- 1 Packung (450 g, 10 Scheiben) TK-Blätterteig
- 6–8 kleine Bundmöhren
- 1 Kohlrabi
- 1 Romanesco (ersatzweise 500 g Brokkoli)
- 1 Töpfchen Kerbel
- 600 g Lachsfilet (ohne Haut)
- 4 TL Semmelbrösel
- Salz • Pfeffer
- 1 Ei • 125 ml Milch
- 1 Beutel „Zubereitung für Sauce hollandaise“ (für 125 g Butter)
- 50 g Butter • *Backpapier*

1 Teigscheiben nebeneinander auftauen lassen. Gemüse schälen bzw. putzen und waschen. Kohlrabi in Spalten schneiden. Romanesco in Röschen vom Strunk schneiden. Kerbel waschen.

2 Lachs abspülen, trocken tupfen und in 4 gleich große Stücke schneiden. 4 Teigscheiben mit 2 TL Semmelbröseln bestreuen und je 1 Stück Lachs daraufsetzen. Mit Salz und Pfeffer würzen. Mit 2 TL Semmelbröseln bestreuen und je 1 Stiel Kerbel darauflegen.

3 Ei und 2 EL Wasser verquirlen und die Teigränder damit bestreichen. Je 1 Teigscheibe auf den Lachs legen und die Ränder gut andrücken. Die Oberfläche mit dem Messerrücken strahlenförmig einkerben.

4 Aus 2 Teigscheiben 4 kleine Kreise und kleine Figuren, z. B. Schmetterlinge, ausstechen. Mit verquirltem Ei bestreichen. Kreise auf die Päckchen setzen. Päckchen und Figuren auf ein mit Backpapier ausgelegtes Backblech legen. Im vorgeheizten Backofen (E-Herd: 200 °C/ Umluft: 180 °C/Gas: s. Hersteller) ca. 20 Minuten backen. Figuren nach 8–10 Minuten herausnehmen.

5 Möhren in wenig kochendem Salzwasser zugedeckt 10–15 Minuten dünsten. Kohlrabi und Romanesco nach ca. 3 Minuten zufügen und mitgaren.

6 Rest Kerbel hacken. 250 ml Wasser und Milch in einem Topf erwärmen. Soßenpulver unter Rühren einstreuen, kurz aufkochen. Butter in Stückchen darunterschlagen. Gehackten Kerbel zufügen. Gemüse abgießen. Lachs mit Gemüse und Soße anrichten. Mit Blätterteigfiguren garnieren.

ZUBEREITUNGSZEIT ca. 1 ½ Std.
PORTION ca. 860 kcal
E 33 g · F 57 g · KH 48 g

Osterlamm mit Paprikagemüse

ZUTATEN FÜR 6 PERSONEN

- 4 Zweige Rosmarin
- 4 Zwiebeln • 3 Knoblauchzehen
- 75 g getrocknete Tomaten
- 6 EL Öl • 50 g magere Schinkenwürfel
- 1 Lammkeule (aufgeschnitten, ohne Knochen; ca. 1,6 kg)
- Salz • Pfeffer • 2 Möhren
- 2 TL Gemüsebrühe (instant) • 6 Schalotten
- 3 Paprikaschoten (z. B. rot, gelb und grün)
- 1 Bund Lauchzwiebeln
- 750 g Kloßteig „Thüringer Art" (Kühlregal)
- 2 Eier (Gr. M) • ca. 125 g Hartweizengrieß
- 2–3 EL heller Soßenbinder • *Küchengarn*

1 FÜR DIE FÜLLUNG Rosmarin waschen und Nadeln von 2 Zweigen abzupfen. Zwiebeln und Knoblauch schälen. Tomaten, Knoblauch und 1 Zwiebel fein würfeln. 2 EL Öl in einer Pfanne erhitzen. Tomaten, Knoblauch, Zwiebelwürfel, Rosmarinnadeln und Schinken darin andünsten.

2 Fleisch trocken tupfen und mit Salz und Pfeffer einreiben. Füllung auf der Innenseite verteilen. Mit Küchengarn zum Braten binden, dabei 2 Rosmarinzweige einbinden. Fleisch auf die Fettpfanne setzen. Möhren schälen, waschen. Möhren und 3 Zwiebeln grob schneiden und um das Fleisch verteilen. Im vorgeheizten Backofen (E-Herd: 230 °C/Umluft: 210 °C/Gas: s. Hersteller) zunächst ca. 45 Minuten braten.

3 Brühe in 600 ml heißem Wasser auflösen. Ofentemperatur herunterschalten (E-Herd: 160 °C/Umluft: 140 °C/Gas: s. Hersteller). Brühe angießen und alles 1 3/4–2 Stunden weiterbraten.

4 FÜR DAS GEMÜSE Schalotten schälen und in Spalten schneiden. Paprika und Lauchzwiebeln putzen und waschen. Paprika grob würfeln, Lauchzwiebeln in Stücke schneiden. 2 EL Öl in einem Topf erhitzen. Schalotten, Lauchzwiebeln und Paprika darin anbraten und zugedeckt ca. 8 Minuten dünsten. Mit Salz und Pfeffer abschmecken.

5 FÜR DIE NOCKEN aus der Kloßmasse mit zwei angefeuchteten Esslöffeln Nocken formen. Eier verquirlen. Nocken erst in Ei, dann in Grieß wenden. 2 EL Öl in einer großen beschichteten Pfanne erhitzen. Nocken darin rundherum ca. 8 Minuten goldbraun braten.

6 Braten herausnehmen, warm stellen. Fond durchs Sieb in einen Topf gießen. Aufkochen und mit Soßenbinder leicht andicken. Mit Salz und Pfeffer abschmecken. Braten aufschneiden und alles anrichten.

ZUBEREITUNGSZEIT ca. 3 1/4 Std.
PORTION ca. 840 kcal
E 49 g · F 47 g · KH 49 g

SÜSSES ZUM VERWÖHNEN

Rhabarber-Baiser-Kuchen

ZUTATEN FÜR CA. 16 STÜCKE

- ♥ 800 g Rhabarber
- ♥ 7 Eier (Gr. M) ♥ 200 g weiche Butter
- ♥ 100 g + 1 EL + 200 g Zucker
- ♥ 2 Päckchen Vanillezucker ♥ Salz
- ♥ 200 g Mehl ♥ 3 TL Backpulver
- ♥ 6 EL (60 g) Schlagsahne
- ♥ Fett und Mehl für die Form
- ♥ 2 EL Speisestärke ♥ 1 EL Puderzucker

1 FÜR DEN TEIG Rhabarber putzen, waschen und in Würfel schneiden. 4 Eier trennen, Eiweiß kalt stellen. Butter, 100 g Zucker, 1 Päckchen Vanillezucker und 1 Prise Salz mit den Schneebesen des Rührgeräts ca. 5 Minuten cremig rühren. 4 Eigelb und 3 Eier einzeln unterrühren. Mehl und Backpulver mischen und mit Sahne unterrühren.

2 Teig in eine gefettete und mit Mehl ausgestäube Springform (28 cm Ø) füllen und glatt streichen. 250 g Rhabarber und 1 EL Zucker mischen und auf dem Teig verteilen. Im vorgeheizten Backofen (E-Herd: 180 °C/Umluft: 160 °C/Gas: s. Hersteller) 25–30 Minuten backen.

3 FÜR DAS BAISER 4 Eiweiß steif schlagen, dabei 200 g Zucker und 1 Päckchen Vanillezucker einrieseln lassen. 375 g Rhabarber mit Stärke mischen und unter das Baiser heben.

4 Kuchen aus dem Ofen nehmen. Rhabarberbaiser locker darauf verstreichen, dabei rundherum ca. 2 cm Rand frei lassen. Kuchen bei gleicher Temperatur ca. 35 Minuten zu Ende backen (Stäbchenprobe!). Formrand entfernen und Kuchen auf einem Gitter auskühlen lassen. Mit Puderzucker bestäuben. Dazu schmeckt Schlagsahne.

ZUBEREITUNGSZEIT ca. 1 ½ Std.
STÜCK ca. 280 kcal
E 5 g · F 15 g · KH 32 g

SIE HABEN KEINE GROSSE SPRINGFORM?

In einer 26-cm-Springform wird der Kuchen etwas höher, und die Backzeiten verlängern sich um jeweils ca. 5 Minuten.

Erdbeer-Malakofftorte

ZUTATEN FÜR CA. 16 STÜCKE

- 125 g Mehl ♥ 1 Messerspitze Backpulver
- 50 g + 150 g Zucker
- 3 Päckchen Vanillezucker ♥ Salz
- 75 g Butter
- 1 Ei (Gr. M) ♥ Mehl für die Arbeitsfläche
- Fett und Mehl für die Form
- 400 ml + 100 ml Milch
- 1 Päckchen Vanillepuddingpulver
- 10 Blatt Gelatine
- 500 g + 200 g Erdbeeren
- 500 g + 500 g Schlagsahne
- 250 g Schmand
- 150 g + 3 EL Erdbeerfruchtaufstrich (z. B. ohne Kerne und Stücke)
- 150 g Löffelbiskuits ♥ ca. 125 ml Amaretto
- 75 g Mandelblättchen
- 6–8 Amarettini und weiße Schokospäne zum Verzieren

1 FÜR DEN BODEN Mehl, Backpulver, 50 g Zucker, 1 Päckchen Vanillezucker, 1 Prise Salz, Butter in Stückchen und Ei erst mit den Knethaken des Rührgeräts, dann kurz mit den Händen verkneten. Teig auf etwas Mehl rund (ca. 26 cm Ø) ausrollen. In eine am Boden gefettete und mit Mehl bestäubte Springform (26 cm Ø) legen und mehrmals mit einer Gabel einstechen. Ca. 30 Minuten kalt stellen.

2 FÜR DIE CREME 400 ml Milch aufkochen. Puddingpulver, 150 g Zucker und 100 ml Milch glatt rühren. In die heiße Milch rühren, erneut aufkochen und ca. 1 Minute köcheln. Pudding auskühlen lassen und dabei ab und zu umrühren.

3 FÜR DEN BODEN Mürbeteig im vorgeheizten Backofen (E-Herd: 200 °C/ Umluft: 180 °C/Gas: s. Hersteller) 12–15 Minuten backen. Zunächst 5–10 Minuten in der Form abkühlen lassen, dann auf einem Kuchengitter auskühlen lassen.

4 FÜR DIE CREME Gelatine einweichen. 500 g Erdbeeren waschen, putzen und fein würfeln. 500 g Sahne steif schlagen. Pudding glatt rühren, Schmand unterrühren. Gelatine ausdrücken und vorsichtig auflösen. Ca. 4 EL Creme in die Gelatine rühren, dann alles unter die übrige Creme rühren. Erst Sahne, dann Erdbeeren unterheben.

5 Boden auf eine Tortenplatte legen und mit 150 g Fruchtaufstrich bestreichen, dabei rundherum ca. 1 cm Rand frei lassen. Tortenring um den Boden stellen. Hälfte Creme auf den Boden streichen. Löffelbiskuits von beiden Seiten in den Likör tauchen und auf die Creme legen. Mit restlicher Creme bedecken. Ca. 4 Stunden kalt stellen.

6 Mandeln rösten, auskühlen lassen. 200 g Erdbeeren waschen, putzen und halbieren. Amarettini zerbröseln. 500 g Sahne steif schlagen, dabei 2 Päckchen Vanillezucker einrieseln lassen. Torte rundherum mit ca. ⅔ Sahne einstreichen. Rest Sahne in einen Spritzbeutel mit großer Sterntülle füllen. Torte am Rand mit Mandelblättchen bestreuen. Übrige Sahne als Tuffs auf die Torte spritzen und 3 EL Fruchtaufstrich daraufträufeln. Torte mit Erdbeeren, Bröseln und Schokospänen verzieren.

ZUBEREITUNGSZEIT ca. 1 ½ Std. + Wartezeit ca. 6 Std.
STÜCK ca. 510 kcal
E 7 g · F 32 g · KH 45 g

Muffin-Kükennester

ZUTATEN FÜR 12 STÜCK

- 150 g weiche Butter
- 150 g Zucker
- 4 Päckchen Vanillezucker
- abgeriebene Schale und 2 EL Saft von 1 Bio-Zitrone ♥ Salz
- 4 Eier (Gr. M)
- 300 g Mehl
- 2 gestrichene TL Backpulver
- 100 g Vollmilchjoghurt
- 50 g Kokosraspel
- 500 g Schlagsahne
- 2 Päckchen Sahnefestiger
- 36 selbst gemachte Marzipanküken (s. Rezept rechts)
- *12 Papierbackförmchen (5 cm Ø)*

1 FÜR DEN TEIG Butter, Zucker, 2 Päckchen Vanillezucker, Zitronenschale und 1 Prise Salz cremig rühren. Eier einzeln unterrühren. Mehl und Backpulver mischen und im Wechsel mit Joghurt und Zitronensaft kurz unterrühren.

2 Teig in 12 mit Papierbackförmchen ausgelegte Mulden eines Muffinblechs verteilen. Im vorgeheizten Backofen (E-Herd: 200 °C/Umluft: 180 °C/Gas: s. Hersteller) ca. 25 Minuten backen. Auskühlen lassen.

3 FÜR DIE DEKO Kokosraspel ohne Fett rösten und auskühlen lassen. Sahne steif schlagen und dabei 2 Päckchen Vanillezucker und Sahnefestiger einrieseln lassen. In einen Spritzbeutel mit großer Sterntülle füllen, als Nester auf die Muffins spritzen. Mit Kokosraspeln bestreuen. Je 3 kleine Küken in die Mitte setzen.

ZUBEREITUNGSZEIT ca. 2 Std. + Wartezeit ca. 30 Min.
STÜCK ca. 540 kcal
E 9 g · F 34 g · KH 46 g

Lassen sich ohne Küken gut einfrieren

Marzipanküken

200 g Marzipanrohmasse *und* ***2 EL (20 g) Puderzucker*** *mit den Händen verkneten. Davon ein haselnussgroßes Stück (ca. 3 g) mit* ***roter Lebensmittelfarbe*** *rosa färben. Rest mit* ***gelber Lebensmittelfarbe*** *färben. Gelbes Marzipan zur Rolle formen (ca. 36 cm lang), in 36 Scheiben schneiden und daraus Eier fertigen. Rosa Marzipan zur Rolle formen (ca. 18 cm lang) und in 36 Stücke schneiden. Daraus Kügelchen machen, als Schnäbel an die Küken setzen und mit einem Holzspieß in der Mitte eindrücken. Küken mit* ***brauner Zuckerschrift (Tube)*** *bemalen.*

Eierlikör-Nuss-Torte

ZUTATEN FÜR CA. 16 STÜCKE

- 200 g + 100 g Zartbitterschokolade
- 160 g weiche Butter
- 160 g + 2 TL Zucker
- 2 Päckchen Vanillezucker
- 8 Eier (Gr. M)
- 4 EL Rum oder Weinbrand
- 400 g gemahlene Haselnüsse
- Fett für die Form
- 2 Päckchen Sahnesteif
- 600 g Schlagsahne
- 8 EL Eierlikör

1 FÜR DEN TEIG 200 g Schokolade fein reiben. Butter, 160 g Zucker und Vanillezucker mit den Schneebesen des Rührgeräts cremig rühren. Eier einzeln unterrühren. Rum unterrühren. Erst Haselnüsse, dann geriebene Schokolade unterheben.

2 Teig in eine gefettete Springform (26 cm Ø) füllen und glatt streichen. Im vorgeheizten Backofen (E-Herd: 180 °C/Umluft: 160 °C/Gas: s. Hersteller) ca. 1 Stunde backen. Kuchen mit einem Messer vom Formrand lösen, auf einem Kuchengitter auskühlen lassen.

3 FÜR DIE SCHOKORÖLLCHEN 100 g Schokolade in Stücke teilen und im heißen Wasserbad schmelzen. Auf der Rückseite eines Backblechs glatt verstreichen und fest werden lassen.

4 Kuchen aus der Form lösen. Sahnesteif und 2 TL Zucker mischen. Sahne in 2 Portionen steif schlagen, dabei jeweils die Hälfte Sahnesteifmischung einrieseln lassen. Kuchen rundherum locker mit Sahne einstreichen. Eierlikör auf dem Kuchen verteilen.

5 Schokolade mit einem Spachtel zu Röllchen abziehen und die Schokoröllchen auf dem Kuchen verteilen.

ZUBEREITUNGSZEIT ca. 2 Std. + Wartezeit ca. 1 ½ Std.
STÜCK ca. 580 kcal
E 10 g · F 45 g · KH 27 g

SCHÖNE RÖLLCHEN

Sie gelingen am besten, wenn die Schokolade zwar schon fest, aber noch nicht zu hart ausgekühlt ist. Spachtel möglichst flach ansetzen und vorwärtsschieben.

Lässt sich ohne Verzierung einfrieren

Geschichteter Rhabarbertraum

ZUTATEN FÜR 4 PERSONEN

- 350 g Rhabarber
- 200 ml Rhabarbernektar
- 100 g Zucker
- 5 Blatt Gelatine (z. B. rote)
- 150 g Vollmilchjoghurt
- 100 g Schlagsahne
- 2 EL Mandelblättchen

1 Rhabarber putzen, waschen und klein schneiden. Rhabarber, Nektar und Zucker ca. 8 Minuten köcheln. Topf vom Herd nehmen. Rhabarber pürieren. Ca. ⅓ abnehmen und auskühlen lassen.

2 FÜR DAS GELEE 3 Blatt Gelatine in kaltem Wasser einweichen. Gelatine ausdrücken und im heißen Püree im Topf auflösen. Ca. 30 Minuten abkühlen lassen. Püree in vier schräg gestellte Dessertschalen (à ca. 250 ml Inhalt) füllen und ca. 2 Stunden kalt stellen.

3 FÜR DIE CREME 2 Blatt Gelatine einweichen. Joghurt und restlichen Rhabarber verrühren. Sahne steif schlagen. Gelatine ausdrücken und bei schwacher Hitze auflösen. Erst ca. 3 EL Joghurtcreme in die Gelatine rühren, dann alles unter die übrige Creme rühren. Sahne unterheben. Gläser gerade stellen und die Creme einfüllen. Ca. 3 Stunden kalt stellen.

4 Mandeln in einer Pfanne goldbraun rösten und abkühlen lassen. Dessert damit verzieren.

ZUBEREITUNGSZEIT ca. 45 Min. + Wartezeit ca. 5 ½ Std.
PORTION ca. 270 kcal
E 6 g · F 10 g · KH 37 g

Gratinierter Sahnemilchreis

ZUTATEN FÜR 8 PERSONEN

- 1,75 l Milch ♥ 250 g Schlagsahne
- 250 g Milchreis ♥ 2 gehäufte EL Zucker
- 4 Päckchen Vanillezucker
- 2 Gläser (à 720 ml) Kirschen
- 2 EL (ca. 20 g) Speisestärke
- 2 Eier ♥ Salz
- 100 g Mandelblättchen
- 3–4 EL brauner Zucker ♥ 75 g Butter

1 FÜR DEN MILCHREIS Milch, Sahne, Reis, Zucker und 2 Päckchen Vanillezucker in einem großen Topf unter Rühren aufkochen. Reis zugedeckt bei schwacher Hitze ca. 35 Minuten quellen lassen. Öfter umrühren. Reis an einem kühlen Ort mindestens 3 Stunden auskühlen lassen.

2 FÜR DAS KOMPOTT Kirschen abtropfen lassen, Saft dabei auffangen. Saft und 2 Päckchen Vanillezucker aufkochen. Stärke und 3 EL kaltes Wasser glatt rühren, in den Saft rühren. Unter Rühren ca. 1 Minute köcheln. Kirschen zufügen. Auskühlen lassen.

3 Eier trennen. Eiweiß mit 1 Prise Salz steif schlagen. Eigelb unter den Reis rühren. Eischnee in 2 Portionen unter den Reis heben. In eine flache große Auflaufform verteilen. Mit Mandeln und braunem Zucker bestreuen. Butter in Flöckchen daraufsetzen. Im vorgeheizten Backofen (E-Herd: 230 °C/Umluft: 210 °C/Gas: s. Hersteller) ca. 12 Minuten überbacken. Kompott dazu reichen.

ZUBEREITUNGSZEIT ca. 1 ½ Std.
Wartezeit mind. 3 Std.
PORTION ca. 660 kcal
E 15 g · F 34 g · KH 69 g

Spiegelei-Pavlova

ZUTATEN FÜR 8 STÜCK

- 75 g weiße Schokolade
- 8 Baiserschalen (à ca. 12 g; z. B. beim Bäcker bestellen)
- 8 Aprikosenhälften (425-g-Dose)
- 250 g Magerquark
- 3–4 EL Zucker
- 1 Päckchen Vanillezucker
- abgeriebene Schale und Saft von ½ Bio-Zitrone
- 100 g Schlagsahne
- 3–4 EL Aprikosenkonfitüre

1 Schokolade hacken und im heißen Wasserbad schmelzen. Baiserschalen damit ausstreichen, trocknen lassen.

2 Aprikosen abgießen und auf Küchenpapier gut abtropfen lassen. Quark, Zucker, Vanillezucker, Zitronenschale

und -saft glatt rühren. Sahne steif schlagen, unterheben. Quarksahne in die Baisers füllen bzw. spritzen. Aprikosen daraufsetzen und leicht andrücken.

3 Konfitüre kurz erhitzen, glatt rühren und die Aprikosen damit glasieren. Bis zum Servieren kalt stellen.

ZUBEREITUNGSZEIT ca. 30 Min. + Wartezeit
STÜCK ca. 220 kcal
E 6 g · F 7 g · KH 31 g

KNUSPRIG GENIESSEN

Füllen Sie die Baisers erst kurz vor dem Servieren mit Quarkcreme und Aprikosen. So weichen die Körbchen nicht durch.

Ammerländer Erdbeerbutterkuchen

ZUTATEN FÜR CA. 24 STÜCKE

- 1 Päckchen Vanillepuddingpulver
- 4 EL + 50 g + 100 g Zucker
- 100 ml + 400 ml + 250 ml Milch
- 500 g Mehl
- 1 Würfel (42 g) Hefe
- 125 g + 125 g kalte Butter
- 2 Eier (Gr. M)
- Salz
- Fett für das Blech
- 1 kg Erdbeeren
- 100 g Mandelblättchen
- *Frischhaltefolie*

1 FÜR DEN PUDDING Puddingpulver, 2 EL Zucker und 100 ml Milch glatt rühren. 400 ml Milch aufkochen. Angerührtes Puddingpulver einrühren, unter Rühren ca. 1 Minute köcheln. In eine Schüssel füllen, mit Folie abdecken und auskühlen lassen.

2 FÜR DEN TEIG 250 ml Milch lauwarm erwärmen. Mehl in eine Schüssel geben, in die Mitte eine Mulde drücken. Hefe hineinbröckeln. 2 EL Zucker und Milch zufügen und mit etwas Mehl vom Rand verrühren. Vorteig zugedeckt an einem warmen Ort ca. 15 Minuten gehen lassen.

3 125 g Butter in Stückchen, Eier, 50 g Zucker und 1 Prise Salz zum Vorteig geben. Alles mit den Knethaken des Rührgeräts zu einem glatten Teig verkneten. Zugedeckt an einem warmen Ort ca. 1 Stunde gehen lassen.

4 Teig auf einer gefetteten Fettpfanne (ca. 32 x 39 cm) zum Boden andrücken. Zugedeckt weitere ca. 15 Minuten gehen lassen.

5 Erdbeeren waschen, putzen und klein schneiden. 125 g Butter in Stückchen in den Teig drücken. Pudding glatt rühren, in Klecksen auf der Teigplatte verteilen. Erdbeeren darauf verteilen. Mit Mandelblättchen und 100 g Zucker bestreuen.

6 Butterkuchen im vorgeheizten Backofen (E-Herd: 180 °C/Umluft: 160 °C/Gas: s. Hersteller) 30–40 Minuten backen. Auskühlen lassen. Dazu schmeckt Schlagsahne.

ZUBEREITUNGSZEIT ca. 1 ¼ Std. + Wartezeit ca. 1 ½ Std.
STÜCK ca. 250 kcal
E 5 g · F 13 g · KH 29 g

Grießnocken mit Rhabarberkompott

ZUTATEN FÜR 4 PERSONEN

- 250 ml Milch
- 2 EL Butter
- 1 Päckchen Vanillezucker
- 40 g Weichweizengrieß
- 1 frisches Ei (Gr. M) ♥ Salz
- 2 EL + 75 g Zucker
- 5–7 EL Schlagsahne
- 500 g Rhabarber
- 2 gehäufte TL Speisestärke
- 125 ml Rote-Johannisbeeren-Nektar

1 FÜR DEN GRIESSFLAMMERI Milch, 1 EL Butter und Vanillezucker aufkochen. Grieß einrühren, aufkochen und Topf vom Herd nehmen. Zugedeckt ca. 5 Minuten quellen lassen.

2 Ei trennen. Eiweiß steif schlagen, dabei 1 Prise Salz und 2 EL Zucker einrieseln lassen. Eigelb und Sahne verquirlen und unter den heißen Grieß rühren. Eischnee unterheben. Grießmasse in eine Schüssel füllen und mindestens 4 Stunden kalt stellen.

3 FÜR DAS KOMPOTT Rhabarber putzen, waschen und in Scheiben schneiden. Stärke und 2 EL Wasser glatt rühren. 1 EL Butter in einem Topf erhitzen. 75 g Zucker zufügen und hellgelb karamellisieren lassen. Nektar einrühren. Rhabarber darin ca. 2 Minuten köcheln. Die angerührte Stärke einrühren und alles unter Rühren ca. 1 Minute köcheln. Auskühlen lassen.

4 Kompott auf vier Dessertschälchen verteilen. Vom Grieß mit zwei angefeuchteten Esslöffeln große Nocken abstechen und auf das Kompott setzen.

ZUBEREITUNGSZEIT ca. 35 Min.
Wartezeit mind. 5 Std.
PORTION ca. 320 kcal
E 6 g · F 12 g · KH 44 g

SÜSS GENUG?

Beim Karamellisieren entwickelt Zucker Aroma, verliert aber an Süßkraft. Deshalb das Kompott vor dem Servieren probieren und eventuell nachsüßen.

Schokomousse-Schnitten mit Marzipanmöhrchen

ZUTATEN FÜR 15 STÜCKE

- 100 g + 250 g Zartbitterschokolade
- 200 g weiche Butter
- 150 g Zucker
- 1 Päckchen Vanillezucker
- Salz
- 3 Eier (Gr. M)
- 275 g Mehl
- ½ Päckchen Backpulver
- 2 EL Kakao
- 5 EL + 100 ml Milch
- Fett für das Blech
- 500 g Schlagsahne
- 50 g Schokoraspel (z. B. zartbitter)
- 250 g Marzipanrohmasse
- 2 EL Puderzucker
- orange Lebensmittelfarbe
- 2 grüne Fruchtgummischnüre (z. B. „Apfel")
- schwarzer Lebensmittelstift
- *Holzspießchen*

1 FÜR DEN TEIG 100 g Schokolade in Stücke teilen und schmelzen. Butter, Zucker, Vanillezucker und 1 Prise Salz cremig rühren. Eier einzeln unterrühren. Mehl, Backpulver und Kakao mischen, im Wechsel mit 5 EL Milch unterrühren. Flüssige Schokolade unterrühren. Den Teig auf ein gefettetes Backblech (ca. 35 x 40 cm) streichen. Im vorgeheizten Backofen (E-Herd: 180 °C/Umluft: 160 °C/Gas: s. Hersteller) 15–18 Minuten backen. Auskühlen lassen.

2 FÜR DIE MOUSSE 250 g Schokolade in Stücke teilen und schmelzen. 100 ml Milch unter Rühren angießen. Abkühlen lassen, umrühren. Sahne steif schlagen, portionsweise unter die Schokolade heben. Ca. 40 Minuten kalt stellen.

3 Kuchen in 30 Quadrate (ca. 6 cm) schneiden. 15 Quadrate mit ⅔ Mousse einstreichen. Rest Quadrate mit übriger Mousse einstreichen und mittig je einen kleinen Kreis ausstechen (ca. 3 cm Ø; z. B. mit einer Spritztülle). Quadrate mit Loch auf die Quadrate ohne Loch setzen. Mit Schokoraspeln bestreuen, ca. 2 Stunden kalt stellen.

4 FÜR DIE MÖHRCHEN Marzipan und Puderzucker verkneten. Mit Lebensmittelfarbe orange färben, 15 Möhren (3,5 cm lang) daraus formen. Fruchtgummischnüre in ca. 3 cm lange Stücke schneiden. Mithilfe eines Holzspießchens als Grün in die Möhren stecken. Mit Lebensmittelstift Gesicht aufmalen. Möhren in die Mulden der Kuchenstücke setzen.

ZUBEREITUNGSZEIT ca. 50 Min. + Wartezeit ca. 3 ½ Std.
STÜCK ca. 570 kcal · E 8 g · F 37 g · KH 46 g

Rhabarbergrütze mit flüssiger Sahne

ZUTATEN FÜR 4 PERSONEN

- 750 g Rhabarber
- Saft von 1 Zitrone
- 1 Zimtstange
- 1 Päckchen Vanillezucker
- 40 g Speisestärke
- 5–7 EL Zucker
- 1–2 EL Amarettini
- 100 g Schlagsahne

1 Rhabarber putzen, waschen und in kleine Stücke schneiden. Rhabarber, Zitronensaft, Zimt, Vanillezucker und 250 ml Wasser aufkochen. Zugedeckt 6–8 Minuten köcheln, bis der Rhabarber zerfällt. Zimt entfernen.

2 Stärke und 5–6 EL kaltes Wasser glatt rühren. In den Rhabarber rühren und ca. 1 Minute weiterköcheln. Mit Zucker abschmecken. Auskühlen lassen.

3 Amarettini grob zerbröseln. Rhabarbergrütze in vier Schälchen mit flüssiger Sahne und Bröseln anrichten.

ZUBEREITUNGSZEIT ca. 25 Min.
Wartezeit ca. 2 Std.
PORTION ca. 210 kcal
E 2 g · F 9 g · KH 28 g

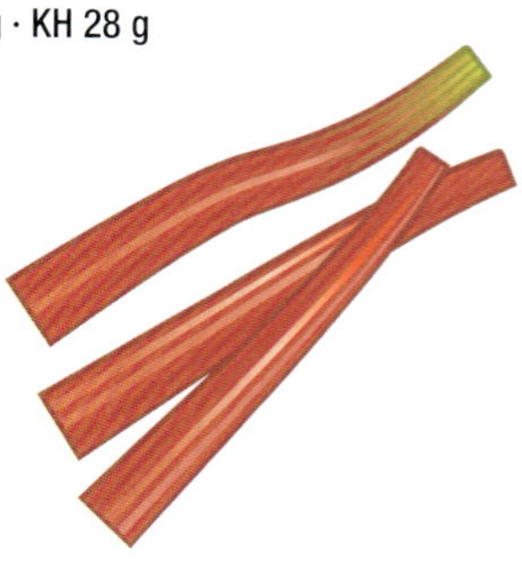

EXTRAFRUCHTIG

Damit das Kompott eine schöne Farbe erhält, nehmen Sie am besten rotfleischigen Himbeer-Rhabarber. Er schmeckt besonders mild. Das Wasser im Rezept können Sie zusätzlich durch roten Fruchtsaft ersetzen.

Wenn Sie die Grütze nicht mit Zucker, sondern mit Erdbeerkonfitüre süßen, schmeckt sie noch fruchtiger.

Waldmeister-Zitronen-Sorbet

ZUTATEN FÜR 4 PERSONEN

- 100 g + 1 EL Zucker
- 375 ml Weißwein
- 2–3 EL Waldmeistersirup
- Saft von 1 Zitrone
- 1 frisches Eiweiß (Gr. M) ♥ Salz

1 FÜR DEN SIRUP 100 g Zucker und 100 ml Wasser aufkochen und ca. 5 Minuten sprudelnd kochen lassen. Vom Herd nehmen.

2 Wein und 125 ml Zuckersirup aufkochen und vom Herd ziehen. Waldmeistersirup und Zitronensaft unterrühren. Auskühlen lassen.

3 Eiweiß und 1 Prise Salz steif schlagen. Eischnee unter die Masse heben. Alles in eine flache Schale füllen, ca. 5 Stunden einfrieren. Dabei etwa alle 30 Minuten durchrühren, damit möglichst feine Eiskristalle entstehen.

4 Aus dem Sorbet Kugeln formen und in Champagnerschalen verteilen. Mit Sekt auffüllen.

ZUBEREITUNGSZEIT ca. 25 Min. + Wartezeit ca. 6 Std.
PORTION ca. 150 kcal
E 1 g · F 0 g · KH 23 g

ALS DESSERT

Das Sorbet schmeckt auch köstlich mit frischen, leicht gezuckerten Erdbeeren.

Holunder-blütensirup

ZUTATEN FÜR 2 FLASCHEN (À CA. 800 ML)

- 3 Bio-Zitronen
- 1 Bio-Orange
- 20 Holunderblütendolden
- 1 kg Zucker

1 Zitronen und Orange heiß waschen. Schale mit einem Zestenreißer in dünnen Streifen abziehen. Zitrusfrüchte auspressen. Holunderblütendolden vorsichtig ausschütteln und evtl. kurz durch stehendes Wasser ziehen. Abtropfen lassen.

2 Zucker und 1 l Wasser aufkochen. Blüten, Zitrusschale und -saft zugeben. Sirup auskühlen lassen. Zugedeckt an einem dunklen und kühlen Ort 3–4 Tage stehen lassen.

3 Sirup durch ein Tuch abseihen und in Flaschen füllen. Flaschen verschließen und kalt stellen. Zum Trinken 1 Teil Sirup mit 4 Teilen Wasser auffüllen. Der Sirup hält sich im Kühlschrank ca. 6 Monate.

ZUBEREITUNGSZEIT ca. 20 Min. + Wartezeit 3–4 Tage

STIELE ENTFERNEN

Nach dem Ausschütteln und Waschen der Holunderblütendolden die groben Stiele mit einer Schere abschneiden. Sie schmecken bitter und würden den Sirup verderben.

Klassische Mai-Bowle

ZUTATEN FÜR 10–12 GLÄSER

- 1 Bund (ca. 50 g) Waldmeister
- 2 Flaschen (à 0,75 l) gut gekühlter trockener Weißwein
- 2 Bio-Zitronen
- 1 Flasche (0,75 l) gut gekühlter halbtrockener Sekt
- *Küchengarn*

1 AM VORTAG Waldmeister waschen, trocken schütteln und mit Küchengarn zum Sträußchen binden. Über Nacht anwelken lassen oder einfrieren.

2 AM NÄCHSTEN TAG Weißwein in ein großes Glasgefäß geben. Waldmeistersträußchen kopfüber hineinhängen, sodass die Stielenden nicht eintauchen. Bowle ca. 20 Minuten kalt stellen und ziehen lassen.

3 Waldmeister entfernen. Zitronen waschen, in Scheiben schneiden und zur Bowle geben. Vor dem Servieren mit Sekt auffüllen.

ZUBEREITUNGSZEIT ca. 15 Min. + Wartezeit ca. 13 Std.

Sommerfreuden

Hochbetrieb im Bauerngarten: In den Beeten wächst das junge Gemüse heran, und die Zweige der Beerensträucher biegen sich unter den Früchten. Wie wir die Schätze des Sommers an heißen Tagen am liebsten genießen? An einem schattigen Plätzchen auf der Terrasse!

Rahmiges Schmorgurkenragout zu krossen Röstitalern

ZUTATEN FÜR 4 PERSONEN

- 250 g Pfifferlinge
- 1 Zwiebel
- 100 g geräucherter durchwachsener Speck
- 1 kg Schmorgurken
- 800 g Kartoffeln
- 2 EL Speisestärke
- 1 Ei (Gr. M) • Salz • Muskat
- 3 EL Butterschmalz • Pfeffer
- 200 g Schlagsahne
- 1 Bund Dill

1 Pfifferlinge putzen, kurz waschen und trocken tupfen. Zwiebel schälen. Zwiebel und Speck fein würfeln. Gurken schälen, längs halbieren und entkernen. Gurkenhälften erneut längs halbieren und dann in Scheiben schneiden.

2 FÜR DIE RÖSTITALER Kartoffeln schälen, waschen, grob raspeln und ausdrücken. Stärke und Ei unterrühren. Mit Salz und Muskat würzen. 2 EL Butterschmalz portionsweise in einer großen beschichteten Pfanne erhitzen. Aus der Masse darin 12–16 kleine Rösti von beiden Seiten goldbraun backen. Fertige Rösti warm stellen.

3 FÜR DAS RAGOUT 1 EL Butterschmalz in der Pfanne erhitzen und die Pfifferlinge darin ca. 3 Minuten kräftig braten, herausnehmen. Speck im heißen Bratfett knusprig braten. Zwiebel zufügen und glasig andünsten. Gurken in die Pfanne geben und kurz andünsten. Mit Salz und Pfeffer würzen. Sahne angießen, aufkochen und alles zugedeckt ca. 10 Minuten dünsten.

4 Inzwischen Dill waschen, Fähnchen abzupfen und fein schneiden. Mit Pfifferlingen zu den Gurken geben. Ragout mit Salz und Pfeffer abschmecken. Mit Rösti anrichten.

ZUBEREITUNGSZEIT ca. 1 Std.
PORTION ca. 530 kcal
E 10 g · F 36 g · KH 38 g

Krautsalat mit Gyroshack

ZUTATEN FÜR 4 PERSONEN

- 1 Spitzkohl (ca. 600 g)
- Salz • Pfeffer
- 1–2 TL Zucker
- 8 EL Weißweinessig
- 2 Knoblauchzehen
- 300 g griechischer Joghurt
- 1 Salatgurke
- 2 Paprikaschoten (z. B. gelb und rot)
- 6 Stiele Petersilie
- 100 g schwarze Oliven (z. B. Kalamata)
- 5 EL Olivenöl
- 400 g Rinderhack
- 1–2 EL Gyrosgewürzsalz
- 1 kleine Gemüsezwiebel

1 Kohl putzen, waschen, vierteln und in dünnen Streifen vom Strunk hobeln oder schneiden. In einer großen Schüssel mit Salz, Pfeffer, Zucker und Essig mischen. Mit den Händen kräftig durchkneten und mindestens 30 Minuten ziehen lassen.

2 FÜR DEN JOGHURT Knoblauch schälen und sehr fein hacken. Joghurt mit Knoblauch verrühren. Mit Salz und Pfeffer abschmecken.

3 Gurke putzen, waschen, längs halbieren und in dünne Scheiben schneiden. Paprika putzen, waschen und in dünne Streifen schneiden. Petersilie waschen und in Streifen schneiden. Alles mit Oliven unter den Kohl mischen. Nochmals mit Salz und Pfeffer abschmecken. 4 EL Öl untermischen.

4 FÜR DAS HACK 1 EL Öl in einer beschichteten Pfanne erhitzen. Hack darin krümelig braten. Mit Gyrosgewürzsalz würzen. Abkühlen lassen.

5 Gemüsezwiebel schälen, halbieren und in dünne Streifen schneiden. Krautsalat nochmals abschmecken. Mit Hack, Zwiebelstreifen und 1 Klecks Joghurt anrichten. Den restlichen Joghurt extra reichen. Dazu schmecken eingelegte Peperoni und Fladenbrot.

ZUBEREITUNGSZEIT ca. 45 Min. + Wartezeit mind. 30 Min.
PORTION ca. 550 kcal
E 32 g · F 37 g · KH 17 g

Tortellini in Schinken-Tomaten-Rahm

ZUTATEN FÜR 4 PERSONEN

- 1 Zwiebel
- 3 Paprikaschoten (z. B. rot, grün und gelb)
- 300 g gekochter Schinken (Stück)
- 3–4 EL Olivenöl
- Salz • Pfeffer • Edelsüßpaprika
- 1 Dose (850 ml) Tomaten
- 100 g Schlagsahne
- 600 g frische Tortellini (Kühlregal)
- Zucker

1 Zwiebel schälen und fein würfeln. Paprika putzen, waschen und in Würfel schneiden. Schinken in ca. 1 cm große Würfel schneiden. Öl in einer großen hohen Pfanne erhitzen. Schinkenwürfel darin unter Wenden kräftig anbraten und herausnehmen.

2 Zwiebel und Paprika im heißen Bratfett ca. 4 Minuten andünsten. Mit Salz, Pfeffer und Paprikapulver würzen. Mit Tomaten samt Saft ablöschen. Tomaten mit einem Pfannenwender etwas zerkleinern. Schinken wieder zufügen, Sahne einrühren und alles aufkochen.

3 Tortellini zufügen, alles mischen und offen ca. 5 Minuten köcheln. Mit Salz, Pfeffer und 1 Prise Zucker abschmecken. Alles anrichten.

ZUBEREITUNGSZEIT ca. 30 Min.
PORTION ca. 660 kcal
E 37 g · F 30 g · KH 56 g

ALS AUFLAUF

Schmeckt auch gratiniert köstlich: Schinken-Tomaten-Rahm mit den Teigtaschen in eine ofenfeste Form füllen. Mit einem Mix aus geriebenem Parmesan und Bergkäse bestreuen. Bei 230 °C ca. 10 Minuten überbacken, bis der Käse geschmolzen und goldbraun ist.

Kasselersteaks mit Schneidebohnen in Senfrahm

ZUTATEN FÜR 4 PERSONEN

- 500 g Schneidebohnen ♥ Salz
- 4 Stiele Thymian
- 500 g ausgelöstes Kasselerkotelett (Stück)
- 2 EL Öl ♥ 1 EL Butter
- 600 g frische Gnocchi (Kühlregal)
- 200 g Schlagsahne
- 2–3 EL grober Senf
- 1 EL heller Soßenbinder ♥ Pfeffer ♥ Zucker

1 Bohnen putzen, waschen und in Stücke schneiden. In wenig kochendem Salzwasser ca. 6 Minuten garen, dann abgießen. Thymian waschen und die Blättchen abzupfen.

2 Fleisch trocken tupfen und in dünne Scheiben (2–3 mm) schneiden. Öl in einer beschichteten Pfanne erhitzen. Fleisch darin portionsweise pro Seite ca. 1 Minute braten. Herausnehmen und im Ofen warm stellen.

3 Butter in der Pfanne erhitzen. Ungekochte Gnocchi darin rundherum 6–8 Minuten goldbraun braten.

4 Sahne, Senf und Thymian in einem Topf aufkochen und Soßenbinder einrühren. Mit Salz, Pfeffer und 1 Prise Zucker abschmecken. Bohnen in den Senfrahm geben und kurz erhitzen. Alles anrichten.

ZUBEREITUNGSZEIT ca. 30 Min.
PORTION ca. 720 kcal
E 37 g · F 34 g · KH 62 g

RATZFATZ FERTIG
Mehrere Schneidebohnen zusammenlegen und diese auf einmal in Stücke schneiden.

Rouladen auf italienische Art

ZUTATEN FÜR 4 PERSONEN

- 6 kleine Schweineschnitzel (à ca. 125 g)
- Salz • Pfeffer
- 6 Scheiben Parmaschinken
- 2 Zwiebeln
- 2 Knoblauchzehen
- 750 g Tomaten
- 2 Sardellenfilets (Glas)
- 5–6 EL Olivenöl
- 1 EL Tomatenmark
- 1 EL Kapern
- 1 EL getrocknete italienische Kräuter
- Edelsüßpaprika • Zucker
- 1 Zweig Rosmarin
- 2 EL Butter
- 1 kg Kartoffeln
- 3 Bund Lauchzwiebeln
- grobes Meersalz
- *Holzspießchen • Backpapier*

1 FÜR DIE ROULADEN Schnitzel trocken tupfen und flach klopfen. Mit Salz und Pfeffer würzen. Mit je 1 Scheibe Schinken belegen, aufrollen und feststecken. Zwiebeln und Knoblauch schälen und fein würfeln. Tomaten waschen und grob würfeln. Sardellen abspülen, trocken tupfen und fein hacken.

2 3 EL Öl in einem Bräter erhitzen. Rouladen darin rundherum kräftig anbraten, herausnehmen. Zwiebeln und Knoblauch im heißen Bratfett anbraten. Tomatenmark kurz mit anschwitzen. Tomaten, Sardellen, Kapern und Kräuter zufügen und ca. 5 Minuten andünsten. Mit Salz, Pfeffer, Paprika und 1 Prise Zucker würzen. Ca. 250 ml Wasser angießen und alles aufkochen. Rouladen wieder zufügen, aufkochen und zugedeckt ca. 1 ¼ Stunden schmoren.

3 FÜR DIE KARTOFFELN Rosmarin waschen und Nadeln hacken. Butter in einem kleinen Topf schmelzen. Mit Rosmarin, 2–3 EL Öl, 1 TL Salz und ½ TL Paprika verrühren. Kartoffeln schälen, waschen und vierteln. Mit der Würzbutter mischen. Auf einem mit Backpapier ausgelegtem Backblech verteilen. Im vorgeheizten Backofen (E-Herd: 200 °C/Umluft: 180 °C/Gas: s. Hersteller) ca. 40 Minuten backen.

4 Inzwischen Lauchzwiebeln putzen und waschen. Ca. 20 Minuten vor Ende der Garzeit Kartoffeln auf eine Hälfte des Backblechs schieben, dabei einmal wenden. Lauchzwiebeln auf die freie Hälfte legen. Beides mit Meersalz bestreuen, ca. 20 Minuten weitergaren.

5 Rouladen aus der Soße heben. Soße mit Salz, Pfeffer und 1 Prise Zucker abschmecken. Rouladen wieder in die Soße geben. Alles anrichten.

ZUBEREITUNGSZEIT ca. 1 ¾ Std.
PORTION ca. 620 kcal
E 53 g · F 26 g · KH 40 g

Nudeln mit Brokkolipesto und Schnitzelchen

ZUTATEN FÜR 4 PERSONEN

- 500 g Brokkoli ♥ Salz
- 300 g Orecchiette (Öhrchennudeln)
- 2 Knoblauchzehen
- 50 g Hartkäse (z. B. Comté; Stück)
- 2 EL Pinienkerne
- 5–6 EL Olivenöl ♥ Pfeffer
- 4 Schweineschnitzel (à ca. 125 g)
- 2 Eier
- 6–8 EL Semmelbrösel
- 3–4 EL Mehl ♥ 2 EL Butterschmalz
- 150 g Mini-Mozzarellakugeln

1 Brokkoli putzen, waschen und in kleinen Röschen vom Stiel schneiden. Die zarten Stiele in dünne Scheiben schneiden. Brokkoli in kochendem Salzwasser 7–8 Minuten garen. Gut abtropfen lassen.

2 Nudeln in kochendem Salzwasser nach Packungsanweisung garen. Knoblauch schälen und grob hacken. Käse grob raspeln. Knoblauch, Käse, Pinienkerne, Hälfte Brokkoli und Öl pürieren. Pesto mit Salz und Pfeffer würzen.

3 Schnitzel trocken tupfen, quer halbieren und flacher klopfen. Eier in einem tiefen Teller verquirlen. Semmelbrösel, je ½ TL Salz und Pfeffer mischen. Schnitzel nacheinander in Mehl, Ei und Bröseln wenden. Butterschmalz in einer großen Pfanne erhitzen. Schnitzel darin pro Seite ca. 2 Minuten braten.

4 Mozzarella abtropfen lassen. Nudeln abgießen und wieder in den Topf geben. Mit Pesto, übrigem Brokkoli und Mozzarella mischen. Nochmals kurz erhitzen. Mit Salz und Pfeffer abschmecken. Alles anrichten.

ZUBEREITUNGSZEIT ca. 35 Min.
PORTION ca. 860 kcal
E 56 g · F 38 g · KH 68 g

GUT GEMIXT
In einem hohen Rührbecher lassen sich die Zutaten mit dem Stabmixer im Nu zu einer homogenen Masse pürieren – ohne lästige Spritzer.

Gebackene Zucchiniröllchen in Tomatensoße

ZUTATEN FÜR 4 PERSONEN
- 2 Zwiebeln ♥ 1 Knoblauchzehe
- 3 EL Olivenöl
- 1 Dose (425 ml) stückige Tomaten
- 1 TL getrocknete italienische Kräuter
- Salz ♥ Pfeffer ♥ Zucker
- 2 große Zucchini
- 3 ungebrühte grobe Bratwürste
- 75 g geraspelter Pizzakäse

1 FÜR DIE SOSSE Zwiebeln und Knoblauch schälen und fein würfeln. 2 EL Öl in einem Topf erhitzen. Knoblauch und Hälfte Zwiebeln darin andünsten. Tomaten und Kräuter zufügen. Mit Salz, Pfeffer und etwas Zucker würzen. Soße ca. 15 Minuten offen köcheln.

2 Zucchini waschen und putzen. Mit einem breiten Sparschäler insgesamt 16 lange, dünne Scheiben abschneiden. Restliches Fruchtfleisch sehr fein würfeln. Hälfte Zucchiniwürfel zur Soße geben und ca. 5 Minuten mitköcheln.

3 FÜR DIE FÜLLUNG 1 EL Öl erhitzen. Restliche Zwiebel- und Zucchiniwürfel darin andünsten. Mit Salz und Pfeffer würzen. In eine Schüssel geben und abkühlen lassen. Wurstbrät aus der Haut zur Zucchinimischung drücken und alles verkneten.

4 Soße abschmecken. Zucchinischeiben mit Füllung bestreichen und aufrollen. Etwas Soße in einer Auflaufform (ca. 20 cm Ø) verteilen. Zucchiniröllchen hochkant hineinstellen. Rest Soße darübergießen. Mit Käse bestreuen. Im vorgeheizten Backofen (E-Herd: 200 °C/Umluft: 180 °C/Gas: s. Hersteller) ca. 30 Minuten backen.

ZUBEREITUNGSZEIT ca. 1 ¼ Std.
PORTION ca. 480 kcal
E 27 g · F 37 g · KH 9 g

AUFWICKELN
Die Rollen gelingen gleichmäßig, wenn die Füllung auf der ganzen Länge der Scheiben verteilt ist.

Schmorgurken-Fisch-Pfanne

ZUTATEN FÜR 4 PERSONEN

- 12 TK-Garnelen (ohne Kopf und Schale)
- 2 Schmorgurken (ca. 1 kg)
- 1 große Zwiebel
- 2 EL Öl • Salz • Pfeffer
- 2 EL Butter
- 2 TL Gemüsebrühe (instant)
- 500 g Lachsfilet
- 150 g Schlagsahne
- 1 TL Speisestärke
- 1 EL körniger Senf
- 6 Stiele Dill
- 1–2 TL Zitronensaft • Zucker

1 Garnelen auftauen lassen. Gurken waschen, schälen, längs halbieren und entkernen. Zwiebel schälen und fein würfeln. Garnelen abspülen und trocken tupfen.

2 Öl in einer großen Pfanne mit Deckel erhitzen. Garnelen darin unter Wenden ca. 2 Minuten braten. Mit Salz und Pfeffer würzen, herausnehmen. Butter im Bratfett erhitzen. Zwiebel darin glasig dünsten. Gurken zufügen und andünsten. Mit Salz und Pfeffer würzen. 250 ml Wasser angießen und aufkochen. Brühe einrühren und zugedeckt ca. 8 Minuten schmoren.

3 Lachs abspülen, trocken tupfen und in grobe Würfel schneiden. Sahne halbsteif schlagen. Hälfte Sahne mit Stärke und Senf verrühren. Zusammen mit dem Lachs und den Garnelen unter die Gurken heben, kurz aufkochen und zugedeckt 2–3 Minuten ziehen lassen. Dill waschen, Fähnchen fein schneiden und unterrühren. Pfanne mit Salz, Pfeffer, Zitronensaft und 1 Prise Zucker abschmecken. Restliche Sahne in Klecksen darauf verteilen.

ZUBEREITUNGSZEIT ca. 45 Min. + Wartezeit ca. 50 Min.
PORTION ca. 500 kcal
E 34 g · F 35 g · KH 9 g

Bunter Sommersalat mit Limettendressing

ZUTATEN FÜR 4–6 PERSONEN

- 3 rote Zwiebeln
- je 2 rote und gelbe Paprikaschoten
- 1 Salatgurke
- 5 Tomaten
- 1 Bund glatte Petersilie
- 5 Stiele Minze
- 3 Limetten (davon 1 bio)
- Salz • Pfeffer • brauner Zucker
- 5 EL Olivenöl

1 Zwiebeln schälen. Paprika putzen und waschen. Gurke waschen und evtl. schälen. Tomaten waschen, vierteln und entkernen. Alles in sehr feine Würfel schneiden. Kräuter waschen und die Blättchen in feine Streifen schneiden.

2 FÜR DIE VINAIGRETTE Bio-Limette heiß waschen und die Schale mit einem Juliennereißer abziehen oder fein abreiben. Alle Limetten auspressen und ca. 100 ml Saft abmessen. Limettensaft, -schale, Salz, Pfeffer und 1 TL Zucker verrühren. Öl darunterschlagen.

3 Zwiebeln, Paprika, Gurke, Tomaten, Kräuter und Vinaigrette mischen. Ca. 30 Minuten ziehen lassen. Mit Salz, Pfeffer und Zucker abschmecken.

ZUBEREITUNGSZEIT ca. 50 Min. + Wartezeit ca. 30 Min.
PORTION ca. 140 kcal
E 3 g · F 9 g · KH 10 g

TOLLER SALAT FÜR DIE GRILLPARTY

Der knackige Tomaten-Gurken-Salat schmeckt super zu gegrilltem Fleisch oder Fisch. Für die große Runde die Menge einfach verdoppeln.

Geschmorter Bohnen-Gulasch-Topf

ZUTATEN FÜR 4 PERSONEN

- 600 g ausgelöster Schweinenacken
- 4 Zwiebeln ♥ 5 Stiele Thymian
- 3 EL Öl ♥ Salz ♥ Pfeffer
- 500 g grüne Bohnen
- 500 g Wachsbohnen ♥ 2 EL Butter
- 250 g Basmatireis
- 1 Döschen (0,1 g) Safran in Fäden
- 500 g Fleischtomaten

1 FÜR DAS GULASCH Fleisch trocken tupfen und in kleine Würfel schneiden. Zwiebeln schälen und in Spalten schneiden. Thymian waschen und Blättchen abzupfen. Öl in einem Bräter erhitzen. Fleisch darin kräftig anbraten. Zwiebelspalten kurz mitbraten. Mit Salz, Pfeffer und Thymian würzen. Ca. 1 l Wasser angießen, aufkochen und zugedeckt ca. 1 ¼ Stunden schmoren.

2 Gesamte Bohnen putzen, waschen und evtl. einmal durchbrechen. Nach ca. 45 Minuten Schmorzeit zum Fleisch geben und zugedeckt weiterschmoren.

3 FÜR DEN REIS Butter in einem Topf erhitzen. Reis und Safran darin andünsten. Ca. 500 ml Wasser und ½ TL Salz einrühren. Aufkochen und zugedeckt bei schwacher Hitze ca. 15 Minuten garen.

4 Tomaten waschen und würfeln. Ca. 15 Minuten vor Ende der Schmorzeit zum Gulasch geben und zu Ende garen. Gulasch mit Salz und Pfeffer abschmecken. Mit dem Reis anrichten.

ZUBEREITUNGSZEIT ca. 1 ½ Std.
PORTION ca. 720 kcal
E 40 g · F 33 g · KH 68 g

PROFITRICK

Die Säure in den Tomaten verzögert den Garprozess der Bohnen. Tomaten deshalb erst zum Schluss zufügen.

Fleischtomaten mit Hackfüllung

ZUTATEN FÜR 4 PERSONEN

- 1 Brötchen (vom Vortag)
- 1 Zwiebel
- 1 Knoblauchzehe
- 100 g Champignons
- 1 EL Öl ♥ Salz ♥ Pfeffer
- 8 Fleischtomaten (à ca. 200 g)
- 150 g Schlagsahne
- Edelsüßpaprika
- 1 Bund Petersilie
- 500 g gemischtes Hack
- 1 Ei (Gr. M)
- 1 TL mittelscharfer Senf
- 75–100 g mittelalter Gouda (Stück)
- 500 g grüne Bohnen
- 50 g magere Schinkenwürfel

1 Brötchen einweichen. Zwiebel und Knoblauch schälen und fein würfeln. Pilze putzen, kurz waschen, trocken tupfen und fein hacken. Öl in einer Pfanne erhitzen. Pilze, Zwiebel und Knoblauch darin anbraten. Mit Salz und Pfeffer würzen. Etwas abkühlen lassen.

2 Tomaten waschen. Jeweils einen Deckel abschneiden und alle oder einige Tomatendeckel würfeln. Tomaten aushöhlen. Das Tomateninnere mit Sahne mischen und fein pürieren. Mit Salz, Pfeffer und Paprika würzen. Tomatenwürfel zufügen.

3 Petersilie waschen und fein hacken. Hack, ausgedrücktes Brötchen, Pilzmischung, Ei, Senf und ¾ Petersilie verkneten. Mit Salz und Pfeffer würzen. Hackmasse achteln und in die Tomaten füllen, etwas andrücken.

4 Tomatensahne in eine flache ofenfeste Form gießen. Tomaten hineinsetzen. Im vorgeheizten Backofen (E-Herd: 180 °C/Umluft: 160 °C/Gas: s. Hersteller) ca. 45 Minuten backen. Käse grob reiben und nach ca. 25 Minuten Backzeit über das Hack streuen.

5 Bohnen waschen, putzen und halbieren. Zugedeckt in wenig kochendem Salzwasser ca. 10 Minuten garen. Übrige Tomatendeckel ca. 5 Minuten vor Ende der Backzeit auf die Tomaten setzen und mitbacken.

6 Schinkenwürfel in einer Pfanne ohne Fett knusprig braten. Bohnen abtropfen lassen, in die Pfanne geben und mit den Schinkenwürfeln mischen. Alles anrichten. Mit Rest Petersilie bestreuen. Dazu schmeckt Kartoffelpüree.

ZUBEREITUNGSZEIT ca. 1 ½ Std.
PORTION ca. 680 kcal
E 44 g · F 45 g · KH 20 g

Steakbraten mit grünen Bohnen

ZUTATEN FÜR 4–6 PERSONEN

- 3 EL Edelsüßpaprika
- 2 TL Cayennepfeffer • Salz • Pfeffer • 4 EL Öl
- 1 kg Huftsteak (Stück)
- 4 EL Rohrzucker • 3 EL flüssiger Honig
- 4 EL Butter • 1 TL Gemüsebrühe (instant)
- 2 frische Maiskolben • 1 TL Zucker
- 500 g grüne Bohnen
- 1 kg Kartoffeln • 250 g Sour Cream
- Muskat • 3 EL Walnusskerne
- 3 EL getrocknete Cranberrys
- 1 EL Speisestärke • *Alufolie*

1 FÜR DEN BRATEN Paprika, Cayennepfeffer, 1 TL Salz, 2 TL Pfeffer und 2 EL Öl mischen. Fleisch trocken tupfen, mit Würzöl einreiben. 2 EL Öl in einem großen Bräter erhitzen. Fleisch darin rundherum kräftig anbraten. Zugedeckt im vorgeheizten Backofen (E-Herd: 120 °C/Umluft: 100 °C/Gas: s. Hersteller) zunächst ca. 3 Stunden schmoren.

2 Rohrzucker und Honig mit 1 EL Butter, Gemüsebrühe und 2 EL Wasser unter Rühren erhitzen. Über das Fleisch gießen und zugedeckt ca. 1 Stunde weiterschmoren.

3 FÜR DAS GEMÜSE Maiskolben putzen, waschen und in kochendem Wasser mit Zucker ca. 20 Minuten garen. Inzwischen grüne Bohnen putzen, waschen und in kochendem Salzwasser ca. 8 Minuten garen. Beides abschrecken und abtropfen lassen.

4 Braten mit entstandenem Sud beschöpfen und offen ca. 30 Minuten zu Ende garen.

5 FÜR DEN KARTOFFELSTAMPF Kartoffeln schälen, waschen und in Salzwasser ca. 20 Minuten kochen. Kartoffeln abgießen. 1 EL Butter und Sour Cream zufügen, alles mit dem Kartoffelstampfer grob zerstampfen. Mit Salz und Muskat abschmecken.

6 FÜR DAS GEMÜSE Mais in Rädchen schneiden. 2 EL Butter in einer Pfanne erhitzen. Bohnen und Mais darin ca. 2 Minuten erhitzen. Mit Salz und Pfeffer würzen. Nüsse und Cranberrys grob hacken und zufügen.

7 FÜR DIE SOSSE Braten in Folie wickeln und ruhen lassen. Stärke und 3 EL Wasser glatt rühren. Bratensud aufkochen, Stärke einrühren und ca. 2 Minuten köcheln. Soße mit Salz und Pfeffer abschmecken. Braten in dünne Scheiben schneiden und alles anrichten.

ZUBEREITUNGSZEIT ca. 4 ¾ Std.
PORTION ca. 650 kcal
E 43 g · F 28 g · KH 53 g

Brokkoli-Speck-Kuchen

ZUTATEN FÜR CA. 48 STÜCKE

- 1,25–1,5 kg Brokkoli ♥ Salz
- 300 g Zwiebeln
- 200 g geräucherter durchwachsener Speck
- 10 EL Öl
- 250 g Magerquark ♥ 9 EL Milch
- 450 g Mehl
- 1 ½ Päckchen Backpulver
- Fett und Mehl für die Fettpfanne
- 5 Stiele Petersilie
- 600 g Schmand
- 12 Eier (Gr. M)
- 1 TL getrockneter Thymian
- Pfeffer ♥ Muskat
- 150–200 g Gouda (Stück)

1 FÜR DEN BELAG Brokkoli putzen, waschen und in kleinen Röschen vom Strunk schneiden. In kochendem Salzwasser zugedeckt ca. 3 Minuten vorgaren. Abgießen, auskühlen lassen.

2 Zwiebeln schälen, Zwiebeln und Speck in Würfel schneiden. Speck in 1 EL heißem Öl knusprig braten. Zwiebeln mitbraten. Abkühlen lassen.

3 FÜR DEN TEIG Quark, Milch, 9 EL Öl und ca. 1 ½ TL Salz verrühren. Mehl und Backpulver mischen. Ca. ⅓ Mehl mit den Knethaken des Rührgeräts unter die Quarkmasse rühren. Restliches Mehl zunächst mit dem Rührgerät, danach mit den Händen gut unterkneten.

4 Fettpfanne des Backofens fetten und mit Mehl ausstäuben. Teig darauf ausrollen und rundherum an den Rand drücken. Brokkoli und Speck-Zwiebel-Mischung darauf verteilen.

5 FÜR DEN GUSS Petersilie waschen und hacken. Mit Schmand, Eiern, Thymian, etwas Salz, Pfeffer und Muskat verrühren. Den Guss über den Brokkoli gießen. Käse reiben und darüberstreuen.

6 Kuchen im vorgeheizten Backofen (E-Herd: 180 °C/Umluft: 160 °C/Gas: s. Hersteller) ca. 50 Minuten backen. Der Kuchen schmeckt warm oder kalt.

ZUBEREITUNGSZEIT ca. 1 ½ Std.
STÜCK ca. 160 kcal
E 6 g · F 11 g · KH 8 g

Schichtsalat mit BBQ-Hähnchen

ZUTATEN FÜR 8–10 PERSONEN

- 1,5 kg Hähnchenfilet ♥ Salz ♥ Pfeffer ♥ 2 EL Öl
- 150 ml Barbecuesoße (Flasche)
- 250 g Schinkenwürfel ♥ 6 Eier
- 2 Dosen (à 425 ml) Mais
- 1 Salatgurke
- 750 g Tomaten ♥ 1 Gemüsezwiebel
- 1 Römersalat
- 250 g Gouda (Stück)
- 2 Avocados ♥ 4 Knoblauchzehen
- 2 Beete Kresse
- 500 g Sahnejoghurt
- Saft von 2 Limetten
- evtl. 5–10 EL Milch

1 FÜR DAS HÄHNCHEN Fleisch waschen und trocken tupfen. Mit Salz und Pfeffer würzen. Öl in einer Pfanne erhitzen. Filets in 2 Portionen darin rundherum anbraten. Mit Barbecuesoße bestreichen und auf ein Backblech setzen. Im vorgeheizten Backofen (E-Herd: 180 °C/ Umluft: 160 °C/Gas: s. Hersteller) 12–15 Minuten backen.

2 Inzwischen Schinkenwürfel im heißen Bratfett knusprig braten. Auf Küchenpapier abtropfen lassen. Eier ca. 10 Minuten hart kochen, abschrecken, schälen und auskühlen lassen. Hähnchenfilets auskühlen lassen.

3 Mais abgießen. Gurke waschen, eventuell schälen, in dünne Scheiben schneiden oder hobeln. Tomaten waschen, in Spalten schneiden. Zwiebel schälen und in dünne Ringe hobeln. Salat putzen, waschen und in Streifen schneiden. Eier und Fleisch in Scheiben schneiden. Gouda grob raspeln.

4 FÜR DIE SALATSOSSE Avocados halbieren, entkernen und das Fruchtfleisch aus der Schale lösen. Knoblauch schälen und grob würfeln. Kresse vom Beet schneiden. Avocados, Knoblauch und ca. ⅓ Kresse mit Joghurt und Limettensaft fein pürieren. Je nach Konsistenz mit Milch verdünnen. Mit Salz und Pfeffer würzen.

5 Vorbereitete Salatzutaten und Salatsoße in ein hohes Glasgefäß schichten. Bis zum Servieren kalt stellen.

ZUBEREITUNGSZEIT ca. 1 Std.
PORTION ca. 630 kcal
E 57 g · F 36 g · KH 16 g

Möhren-Tomaten-Suppe

ZUTATEN FÜR 10 PERSONEN

- 2 Zwiebeln
- 2 Knoblauchzehen
- 1 kg Möhren
- 5 EL + 10 TL Olivenöl
- 400 ml trockener Weißwein (ersatzweise Brühe)
- 2 Dosen (à 850 ml) Tomaten
- 2 TL Gemüsebrühe (instant)
- 10 Scheiben Parmaschinken
- 125 g Mozzarella
- 100 g schwarze Oliven ohne Stein (z. B. Kalamata)
- 1 kleines Bund Basilikum
- Salz ♥ Pfeffer ♥ Zucker

1 Zwiebeln, Knoblauch und Möhren schälen. Möhren waschen. Alles würfeln. 4 EL Öl in einem Topf erhitzen. Zwiebeln, Knoblauch und Möhren darin ca. 10 Minuten dünsten. Mit Wein und 500 ml Wasser ablöschen. Tomaten samt Saft zufügen und mit einem Pfannenwender grob zerkleinern. Alles aufkochen, Brühe einrühren und ca. 15 Minuten köcheln.

2 1 EL Öl in einer Pfanne erhitzen. Schinkenscheiben darin portionsweise knusprig braten. Auf Küchenpapier abtropfen lassen. Käse würfeln. Oliven in Scheiben schneiden. Basilikum waschen und in Streifen schneiden.

3 Suppe fein pürieren, mit Salz, Pfeffer und 1 Prise Zucker abschmecken. In Tellern mit Käse, Oliven, Basilikum und Schinken bestreuen. Mit je 1 TL Öl beträufeln.

ZUBEREITUNGSZEIT ca. 45 Min.
PORTION ca. 260 kcal
E 7 g · F 16 g · KH 11 g

EDEL SERVIERT

Ein überraschender Effekt: auf die angerichtete Suppe noch einen kleinen Schuss Sekt geben.

Geeiste Kichererbsensuppe

ZUTATEN FÜR 10 PERSONEN

- 3 Dosen (à 425 ml) Kichererbsen
- 2 Zwiebeln
- 2–3 Knoblauchzehen
- 4 EL Öl
- 1 TL gemahlener Kreuzkümmel
- 400 g Schlagsahne
- 3 TL Gemüsebrühe (instant)
- 1 TL Rosenpaprika • Pfeffer • Salz
- 3–4 EL (40 g) Sesam
- 1 Bund Petersilie
- evtl. 3–4 Stiele Koriander
- 60 g getrocknete Softtomaten
- 6 dünne Scheiben roher geräucherter Schinken

1 Kichererbsen abspülen und abtropfen lassen. Zwiebeln und Knoblauch schälen und fein würfeln.

2 2 EL Öl in einem Topf erhitzen. Zwiebeln und Knoblauch darin andünsten. Kichererbsen und Kreuzkümmel zufügen. Sahne und 1,25 l Wasser angießen, aufkochen und Brühe einrühren. Mit Rosenpaprika und Pfeffer würzen. Zugedeckt ca. 15 Minuten köcheln.

3 Erbsen in der Brühe mit einem Stabmixer pürieren. Suppe mit Salz und Pfeffer abschmecken. Abkühlen lassen und mindestens 6 Stunden, am besten über Nacht, kalt stellen.

4 Sesam in einer Pfanne ohne Fett rösten und herausnehmen. Kräuter waschen, Blättchen in Streifen schneiden. Tomaten fein würfeln. Mit Sesam und Kräutern mischen.

5 Schinkenscheiben dritteln. 2 EL Öl in einer Pfanne erhitzen. Schinken darin portionsweise knusprig braten. Auf Küchenpapier abtropfen lassen.

6 Die kalte Suppe nochmals gut durchrühren. Mit Tomaten-Kräuter-Mischung und Schinkenchips servieren. Evtl. auf Eiswürfeln anrichten.

ZUBEREITUNGSZEIT ca. 1 ¼ Std. + Wartezeit mind. 6 Std.
PORTION ca. 290 kcal
E 7 g · F 22 g · KH 15 g

Senf-Rahm-Filet

ZUTATEN FÜR 4 PERSONEN

- 500 g kleine Kartoffeln
- 3 EL Öl
- 1 Zucchini
- 1 Bund Lauchzwiebeln
- 250 g Kirschtomaten
- 1 großes Schweinefilet (ca. 650 g)
- Salz ♥ Pfeffer
- 6–8 Scheiben Parmaschinken
- 6 Stiele Thymian
- 250 g Schlagsahne
- 2 EL mittelscharfer Senf
- 2 EL Mandelblättchen

1 Kartoffeln waschen und halbieren. Öl in einer großen ofenfesten Pfanne erhitzen. Kartoffeln darin ca. 5 Minuten kräftig anbraten.

2 Inzwischen Zucchini und Lauchzwiebeln putzen, waschen und in kleine Stücke schneiden. Tomaten waschen. Gesamtes Gemüse zu den Kartoffeln geben und weitere ca. 5 Minuten braten.

3 Schweinefilet trocken tupfen. Mit Salz und Pfeffer würzen. Mit Schinkenscheiben fest umwickeln. Thymian waschen und hacken.

4 Gemüse mit Salz und Pfeffer würzen und auf eine Seite der Pfanne schieben. Filet auf der freien Pfannenfläche ca. 2 Minuten kräftig anbraten. Sahne, Senf und Thymian verrühren, neben das Filet gießen. Mandelblättchen auf das Filet streuen. Alles im vorgeheizten Backofen (E-Herd: 230 °C/Umluft: 210 °C/Gas: s. Hersteller) ca. 15 Minuten zu Ende garen.

ZUBEREITUNGSZEIT ca. 30 Min.
PORTION ca. 600 kcal
E 45 g · F 34 g · KH 23 g

WELCHE PFANNE?
Damit Gemüse und Fleisch ausreichend Platz haben, wählen Sie eine Pfanne mit mindestens 28 cm Ø.

Gefüllter Schweinerollbraten

ZUTATEN FÜR 6 PERSONEN

- 300 g junger Blattspinat
- 2 Zwiebeln
- 4 Knoblauchzehen
- 8 EL Olivenöl
- 1,25 kg Schweineschnitzelbraten (vom Fleischer zur flachen Scheibe aufschneiden lassen)
- Salz ♥ Pfeffer
- 100 g Doppelrahmfrischkäse
- 50 g gehackte Mandeln
- 8 Scheiben Schwarzwälder Schinken
- 500 ml trockener Weißwein
- 400 g Nudeln (z. B. Gemelli)
- 8 Stiele Thymian
- 300 g Champignons
- 1 Zucchini
- 3 Möhren
- 100 g getrocknete Softtomaten
- 2 EL Zucker
- 125 ml heller Balsamico-Essig
- 100 g Rucola
- 100 g Schlagsahne
- 2 EL Speisestärke
- *Küchengarn*

1 FÜR DIE FÜLLUNG Spinat putzen und waschen. Zwiebeln und Knoblauch schälen, würfeln. 2 EL Öl in einem Topf erhitzen. Je die Hälfte Zwiebeln und Knoblauch darin glasig dünsten. Spinat darin zusammenfallen lassen. Gut abtropfen und auskühlen lassen.

2 FÜR DEN BRATEN Fleisch trocken tupfen, mit Salz und Pfeffer würzen. Frischkäse, Mandeln und Spinat verrühren. Mit Salz und Pfeffer würzen. Creme auf die Fleischscheibe streichen, rundherum ca. 1 cm Rand frei lassen. Schinken darauflegen. Von der kurzen Seite her aufrollen. Braten mit Küchengarn zusammenbinden.

3 2 EL Öl in einem Bräter erhitzen. Braten darin anbraten. Mit Wein und 500 ml Wasser ablöschen, aufkochen. Zugedeckt im heißen Ofen (E-Herd: 180 °C/Umluft: 160 °C/Gas: s. Hersteller) ca. 1 Stunde schmoren. Dann offen ca. 30 Minuten zu Ende schmoren.

4 FÜR DEN NUDELSALAT Nudeln in Salzwasser nach Packungsanweisung kochen. Abgießen und kalt abschrecken. Thymian waschen und hacken. Pilze putzen, kurz waschen und halbieren. Zucchini und Möhren putzen bzw. schälen, waschen, längs halbieren und in Stücke schneiden. Tomaten in grobe Stücke schneiden.

5 4 EL Öl in einer Pfanne erhitzen. Pilze, Zucchini und Möhren darin kräftig anbraten. Rest Zwiebel und Knoblauch, Tomaten und Thymian kurz mit anbraten. Mit Salz und Pfeffer würzen. Mit Zucker bestreuen und leicht karamellisieren. Mit Essig ablöschen, aufkochen und ca. 2 Minuten köcheln. Abkühlen lassen.

6 Nudeln und Röstgemüse mischen. Mit Salz und Pfeffer abschmecken. Ca. 30 Minuten ziehen lassen. Rucola putzen und waschen.

7 Braten warm stellen. Fond durchsieben, mit Sahne aufkochen. Stärke und 3–4 EL Wasser glatt rühren. Fond damit binden. Soße abschmecken. Rucola unter den Salat heben. Alles anrichten.

ZUBEREITUNGSZEIT ca. 2 Std. + Wartezeit ca. 30 Min.
PORTION ca. 880 kcal
E 59 g · F 36 g · KH 63 g

KOCHEN OHNE ALKOHOL

Der Braten schmeckt auch ohne Wein köstlich. Löschen Sie den Bratsatz dann einfach mit Apfelsaft ab. Das verleiht ihm eine fruchtige Note.

Honig-Senf-Gemüse zu Kräuter-schnitzelchen

ZUTATEN FÜR 4 PERSONEN

- 3 Zwiebeln (z. B. rote)
- 500 g Brokkoli ♥ 1 Zucchini
- 1 gelbe Paprikaschote
- 500 g kleine Kartoffeln ♥ Salz ♥ Pfeffer
- 10–11 EL Olivenöl
- 200 g Kirschtomaten
- 1 Bund Petersilie
- 1 Bund Basilikum
- 2 Stiele Minze
- 2 Knoblauchzehen
- 1 rote Chilischote
- abgeriebene Schale und Saft von 1 Bio-Limette
- 4 Schweineschnitzel (à ca. 150 g)
- 3 EL Honig
- 3 TL körniger Senf
- 5 EL heller Balsamico-Essig

1 FÜR DAS GEMÜSE 2 Zwiebeln schälen und in Spalten schneiden. Brokkoli putzen, waschen und Röschen vom Strunk schneiden. Zucchini und Paprika putzen, waschen und klein schneiden. Kartoffeln schälen, waschen und halbieren. Alles in einer großen Schüssel mit Salz, Pfeffer und 3 EL Öl mischen, dann in einer weiten Auflaufform verteilen. Im vorgeheizten Backofen (E-Herd: 200 °C/Umluft: 180 °C/Gas: s. Hersteller) ca. 50 Minuten braten.

2 Tomaten waschen, nach ca. 25 Minuten mit in die Form geben und alles zu Ende garen. Gemüse etwas abkühlen lassen.

3 FÜR DIE GREMOLATA Kräuter waschen und fein hacken. 1 Zwiebel und Knoblauch schälen und fein würfeln. Chili längs einschneiden, entkernen, waschen und in feine Ringe schneiden. Alles mit Limettenschale, -saft und 3 EL Öl mischen. Gremolata mit Salz und Pfeffer würzen.

4 FÜR DIE SCHNITZEL Fleisch trocken tupfen und halbieren. Mit Salz und Pfeffer würzen. 2–3 EL Öl in einer Pfanne erhitzen. Schnitzel darin portionsweise pro Seite ca. 2 Minuten braten. Mit der Gremolata bestreichen, in eine Auflaufform schichten und zugedeckt ca. 15 Minuten ziehen lassen.

5 FÜR DAS GEMÜSE Honig, Senf und Essig verrühren, mit Salz und Pfeffer würzen. 2 EL Öl unterschlagen. Mit dem warmen Gemüse mischen. Mit den Schnitzelchen anrichten.

ZUBEREITUNGSZEIT ca. 1 ¼ Std. + Wartezeit ca. 30 Min.
PORTION ca. 630 kcal
E 43 g · F 29 g · KH 45 g

Lachs-Zucchini-Terrine

ZUTATEN FÜR 6 PERSONEN

- 1 Schalotte
- 1 kleine Zucchini (ca. 100 g)
- 1 EL Olivenöl
- Salz ♥ Pfeffer
- 400 g Lachsfilet
- 2 frische Eiweiß (Gr. M)
- 400 g Schlagsahne
- 3–4 getrocknete Tomaten in Öl
- 3 Scheiben Räucherlachs
- 1 Bund Petersilie
- Edelsüßpaprika
- Fett für die Form
- *Alufolie*

1 Schalotte schälen. Zucchini putzen und waschen. Beides fein würfeln. Öl in einer Pfanne erhitzen. Schalotten- und Zucchiniwürfel darin ca. 2 Minuten andünsten. Mit Salz und Pfeffer würzen. Abkühlen lassen.

2 Lachsfilet abspülen, trocken tupfen und in kleine Stücke schneiden. Lachs und Eiweiß ca. 30 Sekunden mit dem Stabmixer pürieren, dabei nach und nach Sahne zugießen. Kalt stellen.

3 Tomaten und Räucherlachs in kleine Würfel schneiden. Petersilie waschen und fein hacken. Petersilie, Zucchini, Schalotte, Tomaten und Räucherlachs mit der Lachs-Sahne-Mischung verrühren. Mit Salz, Pfeffer und Edelsüßpaprika würzen. Eine Kastenform (20 cm Länge) fetten. Lachs-Sahne-Masse einfüllen und glatt streichen. Im vorgeheizten Backofen (E-Herd: 160 °C/ Umluft: 140 °C/Gas: s. Hersteller) ca. 50 Minuten garen. Nach ca. 25 Minuten mit Alufolie abdecken.

4 Terrine ca. 4 Stunden auskühlen lassen. Dann aus der Form stürzen und anrichten. Dazu schmeckt Salat.

ZUBEREITUNGSZEIT ca. 1 ¼ Std. + Wartezeit ca. 4 Std.
PORTION ca. 200 kcal
E 9 g · F 17 g · KH 2 g

Plattes Huhn mit Zitronen-Knoblauch-Butter und Bohnen

ZUTATEN FÜR 4 PERSONEN

- 2 Bio-Zitronen
- 2 Knoblauchzehen + 1 frische Knoblauchknolle
- 150 g weiche + 2 EL Butter
- Salz • Pfeffer
- 4 Zweige Rosmarin
- 1 küchenfertiges Bauernhähnchen (ca. 1,5 kg)
- 750 g Schneidebohnen
- 2 Zwiebeln

1 FÜR DIE WÜRZBUTTER Zitronen heiß waschen. 1 Zitrone in Scheiben schneiden. Schale der übrigen Zitrone abreiben, Zitrone auspressen. 2 Knoblauchzehen schälen, fein hacken. Mit 150 g Butter, Zitronenschale und -saft verrühren. Mit Salz und Pfeffer würzen.

2 FÜR DAS HÄHNCHEN Rosmarin waschen und grob zerzupfen. Knoblauchknolle quer halbieren. Hähnchen am Rücken aufschneiden, waschen und trocken tupfen. Brustbein so weit einschneiden, dass das Hähnchen flach auseinandergelegt werden kann.

3 Rosmarin, Zitronenscheiben und Knoblauch auf der Fettpfanne des Backofens verteilen. Hähnchen auf beiden Seiten mit Würzbutter bestreichen. Mit der Hautseite nach oben auf die Fettpfanne legen. Im vorgeheizten Backofen (E-Herd: 200 °C/Umluft: 180 °C/Gas: s. Hersteller) 1–1 ¼ Stunden braten.

4 FÜR DAS GEMÜSE Schneidebohnen putzen, waschen und in Stücke schneiden. In wenig kochendem Salzwasser ca. 8 Minuten garen. Zwiebeln schälen und in Spalten schneiden. 2 EL Butter in einer Pfanne erhitzen. Zwiebeln darin glasig dünsten. Bohnen abtropfen lassen, zufügen und darin schwenken. Mit Salz und Pfeffer würzen. Mit dem Hähnchen servieren.

ZUBEREITUNGSZEIT ca. 1 ¼ Std.
PORTION ca. 690 kcal
E 60 g · F 43 g · KH 12 g

Garnelenherzen auf Gurkensalat

ZUTATEN FÜR 10 PERSONEN

- 2 Salatgurken
- 2 Bund Dill
- 200 g Schmand
- Salz ♥ Pfeffer
- 2 EL Weißweinessig
- 20 rohe Garnelen (ca. 400 g; ohne Kopf und Schale)
- 2 Knoblauchzehen ♥ 4 EL Öl
- *10 Holzspießchen*

1 FÜR DEN SALAT Gurken waschen und würfeln. Dill waschen und Fähnchen fein schneiden. Gurke, Dill und Schmand mischen. Mit Salz, Pfeffer und Essig würzen.

2 FÜR DIE HERZEN Garnelen waschen und trocken tupfen. Je 2 Garnelen auf ein Holzspießchen stecken. Knoblauch schälen und grob hacken. Öl samt Knoblauch in einer Pfanne erhitzen. Garnelenherzen darin portionsweise von jeder Seite 1–2 Minuten braten. Mit Salz und Pfeffer würzen. Garnelenherzen herausnehmen und auf dem Salat anrichten.

ZUBEREITUNGSZEIT ca. 40 Min.
PORTION ca. 120 kcal
E 9 g · F 8 g · KH 3 g

EIN HERZ FORMEN
2 Garnelen mit dem Rücken nach außen so auf Spießchen stecken, dass sie sich am Kopf- und Schwanzende berühren.

Lachs mit fruchtigem Coleslaw

ZUTATEN FÜR 4 PERSONEN

- 1 großes Bund gemischte Kräuter (z. B. Petersilie, Dill, Pimpinelle)
- 1 Stück (2–3 cm) Ingwer
- 3 EL flüssiger Honig
- Salz ♥ Pfeffer
- 2 EL Öl
- 600 g Lachsfilet mit Haut
- Öl für das Blech
- 250 g Weißkohl
- 1 Zwiebel ♥ 1 Apfel
- 200 g Beeren (z. B. Brombeeren und Rote Johannisbeeren)
- 100 g Vollmilchjoghurt
- 4 EL Apfelessig
- 2 EL mittelscharfer Senf

1 FÜR DEN LACHS Kräuter waschen und hacken. Ingwer schälen und fein hacken. Kräuter, Ingwer und Honig verrühren. Mit Salz und Pfeffer würzen. Öl unterrühren.

2 Fisch abspülen, trocken tupfen und auf ein geöltes Backblech legen. Mit der Kräutermischung bestreichen. Im vorgeheizten Backofen (E-Herd: 160 °C/ Umluft: 140 °C/Gas: s. Hersteller) ca. 30 Minuten garen.

3 FÜR DEN SALAT inzwischen Weißkohl putzen, waschen und in feinen Streifen vom Strunk schneiden. Zwiebel schälen und fein würfeln. Apfel waschen, vierteln, entkernen und in Spalten schneiden. Beeren verlesen bzw. waschen. Johannisbeeren von den Rispen streifen. Alles mischen.

4 FÜR DAS DRESSING Joghurt, Essig und Senf verrühren. Mit Salz und Pfeffer würzen. Joghurtdressing unter den Weißkohlsalat heben. Salat mit dem Lachsfilet anrichten.

ZUBEREITUNGSZEIT ca. 45 Min.
PORTION ca. 480 kcal
E 33 g · F 27 g · KH 24 g

SAFTIGER LACHS

Kurz vor Ende der Backzeit prüfen, ob der Lachs gar ist: dazu mit einem Messer oder einer Gabel ins Filet stechen, etwas auseinanderdrücken. Ist der Fisch innen nur noch ganz leicht glasig, ist er bereits gut.

Hähnchen-Hawaii-Spieße mit Ananas-salsa und Risotto

ZUTATEN FÜR 4 PERSONEN

- 3 EL brauner Zucker • 1 EL Edelsüßpaprika
- 1 EL flüssiger Honig • 8 EL Olivenöl
- 1 Ananas • 6 Zwiebeln • 1 Knoblauchzehe
- 10 Scheiben Frühstücksspeck (Bacon)
- 700 g Hähnchenfilet
- 2 TL Gemüsebrühe (instant) • 2 EL Butter
- 200 g Risottoreis • Salz • Pfeffer
- 1 Bund Lauchzwiebeln
- 500 g Tomaten • 2 kleine rote Chilischoten
- 6 Stiele Basilikum • *6 lange Metallspieße*

1 FÜR DIE MARINADE Zucker, Paprika, Honig und 4 EL Öl verrühren.

2 Ananas schälen, vierteln und den Strunk entfernen. Hälfte Ananas in Stücke (ca. 3 cm) schneiden, Rest fein würfeln. Zwiebeln und Knoblauch schälen. 5 Zwiebeln vierteln. Knoblauch und restliche Zwiebel fein würfeln. Speck in ca. 3 cm lange Stücke schneiden. Fleisch abspülen, trocken tupfen und in Stücke (ca. 3 cm) schneiden.

3 FÜR DIE SPIESSE Fleisch, Speck, Zwiebel- und Ananasstücke abwechselnd auf Spieße stecken. Mit Marinade bestreichen und ca. 30 Minuten ziehen lassen.

4 FÜR DEN REIS Brühe in ca. 600 ml kochendem Wasser auflösen. Butter im Topf erhitzen. Zwiebelwürfel und Knoblauch darin glasig dünsten. Reis kurz mit anschwitzen. Mit Salz und Pfeffer würzen. So viel heiße Brühe angießen, bis der Reis bedeckt ist. Sobald er die Flüssigkeit aufgesogen hat, immer wieder Brühe angießen. Offen bei schwacher Hitze 20–30 Minuten köcheln, bis der Reis sämig ist, dabei öfter umrühren.

5 FÜR DIE SALSA Lauchzwiebeln putzen, waschen, in Ringe schneiden. Tomaten waschen, entkernen, fein würfeln. Chilis längs einritzen, entkernen, waschen, in Ringe schneiden. Basilikum waschen, fein schneiden. Alles mit Ananaswürfeln mischen. Mit Salz und Pfeffer würzen.

6 FÜR DIE SPIESSE 4 EL Öl portionsweise in einem großen Bräter erhitzen. Spieße darin in 2 Portionen ca. 10 Minuten braten. Mit Salz würzen. Alles anrichten.

ZUBEREITUNGSZEIT ca. 1 ¼ Std.
PORTION ca. 830 kcal
E 47 g · F 32 g · KH 82 g

Beeren-Schmand-Torte mit Knusperboden

ZUTATEN FÜR CA. 16 STÜCKE

- Öl für die Tortenplatte
- 200 g Zartbitterschokolade
- 25 g Kokosfett (z. B. Palmin)
- 100 g Cornflakes ♥ 10 Blatt Gelatine
- 500 g Schmand ♥ Saft von 1 Zitrone
- 125 g + 1 EL Zucker ♥ 1 Päckchen Vanillezucker
- 500 g Schlagsahne
- 450 g Beeren (z. B. Himbeeren, Heidelbeeren, Brombeeren)

1 FÜR DEN BODEN einen Tortenring (26 cm Ø) auf eine geölte Tortenplatte stellen. Schokolade in Stücke teilen und mit Kokosfett im heißen Wasserbad schmelzen. Cornflakes mit den Händen in einer Schüssel etwas zerdrücken und mit der flüssigen Schokolade mischen. Mischung im Tortenring zu einem flachen Boden andrücken. Ca. 30 Minuten kalt stellen.

2 FÜR DIE CREME 8 Blatt Gelatine in kaltem Wasser einweichen. Schmand, Zitronensaft, 125 g Zucker und Vanillezucker verrühren. Sahne steif schlagen. Gelatine ausdrücken, auflösen und mit 2–3 EL Schmandcreme verrühren, dann unter die übrige Creme rühren. Sahne unterheben. Creme auf den Boden streichen. Ca. 2 Stunden kalt stellen.

3 FÜR DEN BEERENSPIEGEL 2 Blatt Gelatine in kaltem Wasser einweichen. Beeren verlesen und eventuell waschen. Mit 1 EL Zucker pürieren und durch ein Sieb streichen. Gelatine ausdrücken, auflösen und nach und nach mit Beerenpüree verrühren. Fruchtmasse auf der Creme verteilen. Torte weitere ca. 2 Stunden kalt stellen. Torte aus dem Ring lösen.

ZUBEREITUNGSZEIT ca. 40 Min. + Wartezeit ca. 4 ½ Std.
STÜCK ca. 330 kcal
E 4 g · F 23 g · KH 24 g

FÜR DEN BODEN
Von einer leicht geölten Platte löst sich der Boden später besser ab. Tortenring daraufstellen, Cornflakesmix darin mit einem Löffel verteilen und andrücken.

Aprikosen-Pfannkuchen

ZUTATEN FÜR 4 PERSONEN

- 100 g Mehl
- ½ TL Backpulver
- 1 EL Zucker ♥ Salz
- 200 ml Milch
- 2 Eier (Gr. M)
- 12 kleine Aprikosen
- 2 EL Pistazienkerne
- 4 TL Butter
- 200 g Schmand
- 1 Päckchen Vanillezucker
- 1–2 EL Himbeerkonfitüre

1 FÜR DEN TEIG Mehl, Backpulver, Zucker, 1 Prise Salz, Milch und Eier zu einem glatten Teig verrühren. Ca. 30 Minuten quellen lassen.

2 Aprikosen waschen, halbieren und entsteinen. Pistazien grob hacken.

3 1 TL Butter in einer kleinen beschichteten Pfanne (ca. 18 cm Ø) erhitzen. Jeweils 6 Aprikosenhälften darin unter Wenden 2–3 Minuten andünsten. ¼ Teig über die Aprikosen gießen und von jeder Seite ca. 2 Minuten goldbraun braten. Pfannkuchen warm stellen. Auf die gleiche Weise 3 weitere Pfannkuchen backen.

4 FÜR DEN DIP Schmand und Vanillezucker glatt rühren. Konfitüre kurz unterrühren. Pfannkuchen mit Himbeerschmand und Pistazien anrichten.

ZUBEREITUNGSZEIT ca. 40 Min. + Wartezeit ca. 20 Min.
PORTION ca. 250 kcal
E 6 g · F 16 g · KH 19 g

ZUM WENDEN
So bleibt der Pfannkuchen beim Wenden heil: Mit der gebackenen Seite auf einen flachen Topfdeckel oder großen Teller gleiten lassen. Umgedreht zurück in die Pfanne stürzen.

Johannisbeer-Streuselschnecken

ZUTATEN FÜR CA. 16 STÜCK

- 1 Würfel (42 g) Hefe
- 4 EL + 50 g Zucker
- 500 g + 4 EL Mehl ♥ Salz
- 250 ml Milch
- 75 g weiche + 30 g Butter
- 600 g Johannisbeeren (z. B. rot, schwarz und weiß)
- 1 Päckchen Vanillesoßenpulver (zum Kochen)
- 125 g Crème double
- Mehl für die Arbeitsfläche
- 200 g Marzipanrohmasse
- 125 g Puderzucker
- *Backpapier*

1 FÜR DEN HEFETEIG Hefe und 1 EL Zucker flüssig rühren. 500 g Mehl, 1 Prise Salz, 50 g Zucker, Milch und Hefe mit den Knethaken des Rührgeräts verkneten. 75 g weiche Butter in Stückchen unterkneten. Sobald sich der Teig zur Kugel formt, noch ca. 3 Minuten weiterkneten. Zugedeckt an einem warmen Ort ca. 1 Stunde gehen lassen.

2 FÜR DEN BELAG Johannisbeeren waschen und von den Rispen streifen. Soßenpulver, Crème double und 3 EL Zucker verrühren.

3 Hefeteig auf etwas Mehl kurz durchkneten und zu einem Rechteck (ca. 35 x 50 cm) ausrollen. Vanillecreme daraufstreichen, dabei rundherum ca. 2 cm Rand frei lassen. Teigplatte mit Beeren bestreuen. Von der kurzen Seite her aufrollen und in ca. 16 Scheiben schneiden. Mit Abstand auf zwei mit Backpapier ausgelegte Backbleche verteilen. Zugedeckt an einem warmen Ort ca. 45 Minuten gehen lassen.

4 FÜR DIE STREUSEL Marzipan zerbröckeln. Mit 4 EL Mehl, 30 g Butter und 1 Prise Salz zu Streuseln verkneten. Auf die Schnecken streuen. Blechweise im vorgeheizten Backofen (E-Herd: 200 °C/Umluft: 180 °C/Gas: s. Hersteller) ca. 25 Minuten backen. Puderzucker und 2 EL Wasser glatt rühren. Schnecken noch heiß mit dem Guss beträufeln. Auskühlen lassen.

ZUBEREITUNGSZEIT ca. 1 Std. + Gehzeit ca. 1 ¾ Std.
STÜCK ca. 380 kcal
E 6 g · F 13 g · KH 57 g

Cheesecake im Glas mit Beeren

ZUTATEN FÜR 4 PERSONEN

- 250 g gemischte Beeren (z. B. Himbeeren, Brombeeren, Heidelbeeren und Rote Johannisbeeren)
- 6 Haferkekse (z. B. „Hobbits")
- 200 g Doppelrahmfrischkäse
- 3 EL Zucker
- 200 g Schlagsahne
- 1 Päckchen Vanillezucker

1 Beeren verlesen bzw. waschen. Johannisbeeren mit einer Gabel von den Rispen streifen. Kekse mit den Fingern grob zerbröckeln.

2 Frischkäse und Zucker glatt rühren. Sahne mit Vanillezucker steif schlagen. Sahne unter den Frischkäse heben.

3 Beeren, Käsesahnecreme und Kekse abwechselnd in Gläser schichten. Mit Beeren und Kekskrümeln abschließen.

ZUBEREITUNGSZEIT ca. 20 Min.
PORTION ca. 390 kcal
E 6 g · F 25 g · KH 30 g

NOCH SAFTIGER

Das Dessert schmeckt auch köstlich, wenn Sie die Beeren marinieren. Gut eignen sich z. B. Orangenlikör oder -saft.

Himbeer-Eistorte

ZUTATEN FÜR CA. 16 STÜCKE

- 300 g Baisertuffs
- 200 g Zartbitterschokolade
- 800 g + 100 g Schlagsahne
- 300 g TK-Himbeeren
- 100 g Himbeeren
- *1 großer Gefrierbeutel* ♥ *Backpapier*

1 Baisertuffs grob zerkleinern. Ca. 50 g Schokolade mit einem Sparschäler in Späne hobeln. Übrige Schokolade mittelfein hacken. 800 g Schlagsahne in 2 Portionen steif schlagen.

2 Rand einer Springform (26 cm Ø; 8 cm Höhe) innen mit Backpapier auslegen. Geschlagene Sahne, Baiser und TK-Himbeeren verrühren. Gehackte Schokolade unterheben. Sahne-Baiser-Masse in die Form füllen und glatt streichen. Torte über Nacht einfrieren.

3 Torte aus dem Gefrierfach nehmen, ca. 1 Stunde kalt stellen. 100 g Sahne steif schlagen. Himbeeren verlesen und waschen. Torte aus der Form lösen. ¾ Schokospäne an den Tortenrand drücken. Übrige Torte mit restlichen Schokoladenspänen bestreuen. Mit Sahnetuffs und Himbeeren verzieren.

ZUBEREITUNGSZEIT ca. 40 Min. + Wartezeit ca. 13 Std.
STÜCK ca. 300 kcal
E 3 g · F 22 g · KH 22 g

FORMRAND AUSKLEIDEN

Zwei Streifen Backpapier (à ca. 10 x 45 cm) zuschneiden. Springformrand leicht mit Wasser befeuchten und die beiden Papierstreifen daran rundherum leicht andrücken. So löst sich die Torte später gut aus der Form.

Beeriger Eierlikör-kuchen mit Crème-fraîche-Guss

ZUTATEN FÜR CA. 16 STÜCKE

- 500 g gemischte Beeren (z. B. Stachelbeeren, Rote Johannisbeeren, Brombeeren und Himbeeren)
- 150 g Crème fraîche
- 7 Eier (Gr. M)
- 75 g + 200 g Zucker
- 2 Päckchen Vanillezucker
- 1 gehäufter EL (15 g) Speisestärke
- 200 g weiche Butter ♥ Salz
- 300 g Mehl ♥ ½ Päckchen Backpulver
- 150 ml Eierlikör
- Fett und Mehl für die Form
- Puderzucker zum Bestäuben

1 Beeren verlesen bzw. waschen und putzen. Stachelbeeren waschen und putzen. Johannisbeeren von den Rispen streifen.

2 FÜR DEN GUSS Crème fraîche, 3 Eier, 75 g Zucker, 1 Päckchen Vanillezucker und Stärke glatt rühren.

3 FÜR DEN TEIG Butter, 200 g Zucker, 1 Päckchen Vanillezucker und 1 Prise Salz mit den Schneebesen des Rührgeräts cremig rühren. 4 Eier einzeln unterrühren. Mehl und Backpulver mischen und im Wechsel mit dem Likör kurz unterrühren.

4 Teig in eine gefettete, mit Mehl ausgestäubte quadratische (ca. 24 cm) oder runde (26 cm Ø) Springform streichen. Crème-fraîche-Guss daraufstreichen. ¾ der Beeren darauf verteilen und etwas andrücken. Im vorgeheizten Backofen (E-Herd: 200 °C/Umluft: 180 °C/Gas: s. Hersteller) ca. 40 Minuten backen. In der Form auskühlen lassen. Kuchen mit Rest Beeren verzieren und mit Puderzucker bestäuben.

ZUBEREITUNGSZEIT ca. 1 ¼ Std.
STÜCK ca. 340 kcal
E 5 g · F 17 g · KH 37 g

Schupfnudeln mit Kirschen

ZUTATEN FÜR 4 PERSONEN

- 500 g Kirschen
- 6–7 EL Zucker
- 150 ml Sauerkirschnektar
- 1 EL Speisestärke
- 500 ml Milch
- 1 Päckchen Vanillesoßenpulver (zum Kochen)
- 50 g Haselnussblättchen
- 2 EL Butter
- 1 Packung (500 g) Schupfnudeln (Kühlregal)
- 2 EL Puderzucker

1 FÜR DAS KOMPOTT Kirschen waschen, entstielen und entsteinen. 3–4 EL Zucker in einem Topf karamellisieren. Mit Kirschnektar ablöschen. Köcheln, bis sich der Zucker gelöst hat. Stärke mit 3 EL Wasser glatt rühren und den Saft damit binden. Kirschen unterrühren.

2 FÜR DIE VANILLESOSSE 5 EL Milch mit Soßenpulver und 3 EL Zucker verrühren. Restliche Milch aufkochen. Soßenpulver einrühren, unter Rühren aufkochen und ca. 1 Minute köcheln. Abkühlen lassen.

3 Nüsse in einer Pfanne ohne Fett rösten. Herausnehmen. FÜR DIE SCHUPFNUDELN Butter in der Pfanne erhitzen. Schupfnudeln darin unter Wenden ca. 10 Minuten braten. 1 EL Puderzucker darüberstäuben und leicht karamellisieren.

4 Schupfnudeln mit Kirschkompott anrichten und mit 1 EL Puderzucker bestäuben. Mit Haselnüssen bestreuen. Vanillesoße dazu reichen.

ZUBEREITUNGSZEIT ca. 25 Min.
PORTION ca. 590 kcal
E 14 g · F 22 g · KH 79 g

AUSSERHALB DER SAISON

Wenn Sie keine frischen Kirschen bekommen, können Sie das Kompott auch mit Früchten aus dem Glas zubereiten.

Kokosmilchreis mit Aprikosenkompott

ZUTATEN FÜR 4 PERSONEN

- 800 ml Milch
- 1 Dose (400 g) ungesüßte Kokosmilch
- Salz
- 250 g Milchreis
- 2 Päckchen Vanillezucker
- 3 EL Zucker
- 250 g Aprikosen
- 2 Nektarinen
- 250 ml Aprikosennektar
- 1 Päckchen Vanillesoßenpulver (zum Kochen)
- 5 Stiele Minze
- 1 EL Kokoschips

1 FÜR DEN MILCHREIS Milch, Kokosmilch und 1 Prise Salz in einem Topf aufkochen. Reis einrühren, aufkochen und bei schwacher Hitze 30–35 Minuten köcheln. Dabei mehrmals umrühren. Milchreis mit 1 Päckchen Vanillezucker und 1 EL Zucker süßen.

2 FÜR DAS KOMPOTT Aprikosen und Nektarinen waschen und entsteinen. Aprikosen vierteln, Nektarinen in Spalten schneiden. Aprikosennektar, 200 ml Wasser und 1 Päckchen Vanillezucker aufkochen. Früchte zufügen, aufkochen und 1–2 Minuten köcheln. Soßenpulver, 2 EL Zucker und 5 EL kaltes Wasser glatt rühren. In das Kompott rühren und ca. 1 Minute köcheln. Kompott etwas abkühlen lassen.

3 Inzwischen Minze waschen, Blättchen fein schneiden. Minze unter das Kompott rühren. Milchreis mit etwas Kompott in Schälchen anrichten. Mit Kokoschips bestreuen. Rest Kompott dazu reichen.

ZUBEREITUNGSZEIT ca. 50 Min.
PORTION ca. 690 kcal
E 14 g · F 25 g · KH 100 g

AUCH KÖSTLICH ZUM DESSERT

An heißen Tagen schmeckt der Milchreis prima als süßes Hauptgericht. Wenn Sie ihn zum Dessert servieren möchten, reicht die Menge für sechs Personen.

Erfrischende Zitronenjoghurt-Torte

ZUTATEN FÜR CA. 16 STÜCKE

- 4 Eier (Gr. M)
- 180 g + 2 EL Zucker
- 100 g Mehl
- 100 g Speisestärke
- 1 TL Backpulver
- 8 Blatt Gelatine
- 500 g Magerquark
- 500 g Zitronenjoghurt
- 75–100 ml Zitronensaft
- 300 g Schlagsahne
- 100 g Heidelbeeren
- ½ Bio-Zitrone
- evtl. Thymianblüten
- *Backpapier*

1 FÜR DEN BISKUIT Eier trennen. Eiweiß steif schlagen, 180 g Zucker dabei einrieseln lassen. Eigelb einzeln unterschlagen. Mehl, Stärke und Backpulver daraufsieben, unterheben. In eine am Boden mit Backpapier ausgelegte Springform (28 cm Ø) streichen. Im vorgeheizten Backofen (E-Herd: 180 °C/ Umluft: 160 °C/Gas: s. Hersteller) ca. 30 Minuten backen. Auskühlen lassen.

2 FÜR DIE CREME Gelatine einweichen. Quark, Joghurt, Zitronensaft und 2 EL Zucker verrühren. Gelatine ausdrücken und bei schwacher Hitze auflösen. 3 EL Joghurtmasse unter die Gelatine rühren, dann alles unter den Rest Joghurt rühren. Kalt stellen, bis die Masse zu gelieren beginnt. Sahne steif schlagen und unterheben.

3 Biskuit waagerecht halbieren. Einen Tortenring um den unteren Boden legen. ¾ Creme auf den Boden streichen. Den 2. Boden darauflegen. Restliche Creme daraufstreichen. Mindestens 5 Stunden kalt stellen.

4 Heidelbeeren verlesen und waschen. Zitrone zunächst in Spalten und dann in Scheiben schneiden. Torte aus dem Ring lösen. Mit Heidelbeeren, Zitrone und eventuell Thymianblüten verzieren.

ZUBEREITUNGSZEIT ca. 1 Std. +
WARTEZEIT mind. 5 Std.
STÜCK ca. 300 kcal
E 15 g · F 14 g · KH 34 g

Lässt sich ohne Deko gut einfrieren

Brombeer-Streusel-kuchen mit Orange

ZUTATEN FÜR CA. 15 STÜCKE

- 225 g Mehl
- 125 g Weizengrieß
- 100 g + 2 EL Zucker ♥ Salz
- abgeriebene Schale und Saft von ½ Bio-Orange
- 225 g kalte Butter
- 350 g Brombeeren
- 1 EL Speisestärke
- 50 g Walnusskerne
- 2 EL brauner Zucker
- *Backpapier*

1 FÜR DEN STREUSELTEIG Mehl, Grieß, 100 g Zucker, 1 Prise Salz und Orangenschale mischen. Butter in Stückchen zufügen und alles erst mit den Knethaken des Rührgeräts, dann rasch mit den Fingern zu Streuseln verarbeiten.

2 Gut die Hälfte der Streusel in eine mit Backpapier ausgelegte quadratische Backform (ca. 20 cm; ersatzweise rund 22 cm Ø) verteilen und als Boden andrücken.

3 Brombeeren verlesen und eventuell waschen. Stärke, 2 EL Zucker und Orangensaft glatt rühren. Brombeeren vorsichtig damit mischen. Brombeeren auf dem Streuselboden verteilen.

4 Walnüsse fein hacken und unter die übrigen Streusel kneten. Streusel auf den Beeren verteilen und mit braunem Zucker bestreuen. Im vorgeheizten Backofen (E-Herd: 180 °C/Umluft: 160 °C/Gas: s. Hersteller) ca. 45 Minuten backen. Auskühlen lassen.

ZUBEREITUNGSZEIT ca. 1 ¼ Std.
STÜCK ca. 270 kcal
E 3 g · F 15 g · KH 29 g

Heidelbeer-Becherkuchen mit Nussknusper

ZUTATEN FÜR CA. 16 STÜCKE

- 1 Becher (200 g) saure Sahne
- 1 ½ Becher (250 g) + 2 EL feiner brauner Zucker
- 4 Eier (Gr. M)
- ½ Becher (100 ml) geschmacksneutrales Öl (z. B. Sonnenblumenöl)
- abgeriebene Schale von 1 Bio-Zitrone
- 3 Becher (400 g) Dinkelmehl (Type 630)
- ½ Päckchen Backpulver • Salz
- Fett für die Form
- 300 g Heidelbeeren
- 2 EL Heidelbeerkonfitüre
- 1 Becher (125 g) Haselnusskerne
- 1 EL Puderzucker

1 Saure Sahne in eine Schüssel geben. Becher auswaschen, abtrocknen und als Messbecher verwenden. 1 ½ Becher Zucker zur sauren Sahne geben. Mit den Schneebesen des Rührgeräts verrühren. Eier einzeln unterrühren. Dann Öl und Zitronenschale einrühren. Mehl, Backpulver und 1 Prise Salz zufügen. Alles glatt verrühren.

2 Teig in eine gefettete Springform (26 cm Ø) streichen. Beeren verlesen und waschen. Mit Konfitüre mischen und auf dem Teig verteilen. Im vorgeheizten Backofen (E-Herd: 180 °C/ Umluft: 160 °C/Gas: s. Hersteller) ca. 1 Stunde backen.

3 Nüsse grob hacken. Mit 2 EL Zucker mischen. Nussmischung nach ca. 30 Minuten Backzeit auf dem Kuchen verteilen und fertig backen. Kuchen auskühlen lassen. Mit Puderzucker bestäubt servieren.

ZUBEREITUNGSZEIT ca. 1 ½ Std.
STÜCK ca. 310 kcal
E 6 g · F 14 g · KH 40 g

Rosenblütensirup

ZUTATEN FÜR 2 FLASCHEN (À CA. 330 ML)

- ca. 6 unbehandelte Duftrosen (ca. 100 g Rosenblütenblätter; je nach Blütenfarbe variiert auch die Farbe des Sirups)
- 500 g Zucker
- ½ TL Zitronensäure (Päckchen)

1 Rosenblütenblätter vom Blütenkopf lösen. Blätter mit 500 ml kochendem Wasser übergießen. Zucker und Zitronensäure zugeben. Ein Sieb darauflegen, sodass alle Blütenblätter mit Wasser bedeckt sind. Rosenwasser 3 Tage bei Zimmertemperatur zugedeckt ziehen lassen.

2 Sirup durch ein feines Sieb gießen. Sofort in saubere, heiß ausgespülte und fest verschließbare Flaschen füllen. Falls Sie eine Bierflasche verwenden, sollten Sie diese besonders gründlich ausspülen, damit der Biergeruch und -geschmack verschwinden. Sirup kühl und dunkel lagern.

ZUBEREITUNG ca. 25 Min. + Wartezeit 3 Tage
HALTBARKEIT ca. 6 Monate

Aperol-Spritz-Gelee mit Aprikosen

ZUTATEN FÜR 6 GLÄSER (À CA. 225 ML)

- ca. 300 g reife Aprikosen ♥ 400 ml Prosecco
- 200 ml Aperol (italienischer Bitterlikör)
- Saft von 1 Zitrone ♥ 1 kg Gelierzucker (1 : 1)

1 Aprikosen waschen und die Haut kreuzweise einschneiden. Früchte kurz überbrühen, abschrecken und die Haut abziehen. Aprikosen halbieren und entsteinen. Fruchtfleisch sehr fein würfeln und 250 g abwiegen.

2 Aprikosen, Prosecco, Aperol, Zitronensaft und Gelierzucker in einem Topf mischen. Unter Rühren bei starker Hitze aufkochen. Unter ständigem Rühren ca. 4 Minuten köcheln.

3 Fruchtmasse sofort in vorbereitete Twist-off-Gläser füllen. Gläser verschließen und das Gelee auskühlen lassen.

ZUBEREITUNGSZEIT ca. 25 Min.
HALTBARKEIT 6–9 Monate

Himbeerkonfitüre

ZUTATEN FÜR 2 GLÄSER (À CA. 250 ML)

- 500 g Himbeeren ♥ 1 Zweig Rosmarin
- 250 g Gelierzucker (2:1) ♥ 3 EL Himbeergeist

1 Himbeeren verlesen. Rosmarin waschen. Rosmarin, Himbeeren und Zucker in einem Topf mischen. Zugedeckt ca. 1 Stunde ziehen lassen.

2 Himbeermasse aufkochen, abschäumen und ca. 4 Minuten unter Rühren köcheln. Rosmarin entfernen. Himbeergeist in die Fruchtmasse geben und erneut aufkochen. Heiße Fruchtmasse sofort in vorbereitete Twist-off-Gläser füllen. Gläser verschließen. Konfitüre auskühlen lassen.

ZUBEREITUNGSZEIT ca. 10 Min.
Wartezeit ca. 1 Std.
HALTBARKEIT ca. 6 Monate

Stachelbeer-Curd

ZUTATEN FÜR 4 GLÄSER (À CA. 200 ML)

- ♥ 500 g grüne Stachelbeeren
- ♥ 50 g + 150 g brauner Zucker
- ♥ 4 frische Eigelb (Gr. M)
- ♥ Mark von 1 Vanilleschote ♥ Salz
- ♥ Saft von 1 Zitrone ♥ 2 EL Speisestärke
- ♥ 110 g kalte Butter

1 Stachelbeeren waschen und putzen. Mit 50 g Zucker und 5 EL Wasser in einem großen Topf aufkochen und ca. 3 Minuten köcheln. Topf vom Herd nehmen und die Stachelbeeren mit dem Stabmixer fein pürieren. Beiseitestellen.

2 Eigelb, 150 g Zucker, Vanillemark, 1 Prise Salz, Zitronensaft und Stärke im heißen Wasserbad dickcremig aufschlagen. Eimasse zum Stachelbeerpüree geben und unter Rühren vorsichtig erhitzen. Butter in Stückchen dazugeben und unter Rühren kurz aufkochen, bis eine dickliche Creme entsteht. Stachelbeer-Curd sofort in vorbereitete Twist-off-Gläser füllen. Gläser verschließen. Auskühlen lassen.

ZUBEREITUNGSZEIT ca. 40 Min.
HALTBARKEIT gekühlt ca. 2 Wochen

Samtige Beerenkonfitüre

ZUTATEN FÜR 4 GLÄSER (À CA. 250 ML)

- 500 g Schwarze Johannisbeeren
- 500 g Brombeeren
- 500 g Gelierzucker (1:1)
- 100 ml Schwarze-Johannisbeeren-Likör (z. B. Cassis)

1 Johannisbeeren und Brombeeren verlesen, waschen und abtropfen lassen. Beeren mit einer Beerenpresse entsaften oder durch die Flotte Lotte drehen (ergibt ca. 0,75 l Saft).

2 Beerensaft, Gelierzucker und Johannisbeerlikör in einem Topf verrühren. Aufkochen und unter Rühren ca. 4 Minuten köcheln. Fruchtmasse sofort in vorbereitete Twist-off-Gläser füllen. Gläser verschließen. Auskühlen lassen.

ZUBEREITUNGSZEIT ca. 30 Min.
HALTBARKEIT mind. 6 Monate

Nektarinen-Mango-Marmelade mit Ingwer

ZUTATEN FÜR 5 GLÄSER (À CA. 250 ML)

- 8 reife Nektarinen (gut 1 kg)
- 1 reife Mango (ca. 550 g)
- 1 Stück (ca. 4 cm) Ingwer
- Saft von 2 Zitronen (ca. 100 ml)
- 500 g Gelierzucker (2:1)
- 1 Zimtstange

1 Nektarinen waschen und die Haut kreuzweise einschneiden. Kurz überbrühen, Früchte abschrecken und die Haut abziehen. Nektarinen entsteinen und Fruchtfleisch würfeln.

2 Mango schälen. Fruchtfleisch erst vom Stein und dann klein schneiden. 1000–1200 g Nektarinen- und Mangofruchtfleisch (bei 1200 g Früchten wird die Marmelade cremiger) abwiegen. Ingwer schälen und fein reiben. Mit Früchten und Zitronensaft in einem großen Topf pürieren.

3 Gelierzucker unterrühren. Zimtstange durchbrechen und zufügen. Alles ca. 30 Minuten ziehen lassen. Dabei hin und wieder umrühren.

4 Fruchtmischung unter Rühren aufkochen und ca. 4 Minuten sprudelnd kochen. Zimt entfernen. Fruchtmasse sofort in vorbereitete Twist-off-Gläser füllen. Gläser verschließen. Auskühlen lassen.

ZUBEREITUNGSZEIT ca. 40 Min. + Wartezeit ca. 30 Min.
HALTBARKEIT 6–9 Monate

Eingelegte Rote Bete

ZUTATEN FÜR 5 GLÄSER (À CA. 450 ML)

- 1 kg Baby-Rote-Beten
- 2 Knoblauchzehen
- 2 Zwiebeln (z. B. rote)
- 1 EL Koriandersaat
- 550 ml Weißweinessig
- 550 g Zucker ♥ Salz ♥ Pfeffer

1 Rote Beten schälen (Vorsicht, färben stark! Einmalhandschuhe tragen). Knoblauch schälen und in Scheiben schneiden. Zwiebeln schälen, halbieren und in feine Streifen schneiden. Koriander, Essig, Zucker und 250 ml Wasser in einem Topf aufkochen und bei schwacher Hitze ca. 2 Minuten köcheln, bis sich der Zucker gelöst hat. Rote Beten, Zwiebeln und Knoblauch zugeben. Mit Salz und Pfeffer würzen und ca. 45 Minuten bei schwacher Hitze köcheln.

2 Rote Beten samt Zwiebeln und Flüssigkeit in vorbereitete Twist-off-Gläser füllen. Gläser sofort verschließen. Auskühlen lassen.

ZUBEREITUNGSZEIT ca. 1 ½ Std.
HALTBARKEIT ca. 3 Monate

Würziges Zucchini-Relish

ZUTATEN FÜR 4 GLÄSER (À 500 ML) UND 1 GLAS (250 ML)

- 1 kg kleine Zucchini ♥ 3 Zwiebeln
- je 1 gelbe und rote Paprikaschote
- 250 g Bio-Gelierrohrzucker (1:1)
- 3 TL Senfpulver ♥ 100 ml Weißweinessig
- 100 ml Apfelsaft ♥ Salz ♥ Pfeffer ♥ Muskat
- 1 Bund Petersilie

1 Zucchini waschen, putzen und in Stücke schneiden. Zwiebeln schälen und würfeln. Paprika putzen, waschen und grob schneiden. Alles in einen Topf geben und mit dem Stabmixer kurz pürieren. Gelierzucker, Senfpulver, Essig und Apfelsaft unterrühren. Mit Salz, Pfeffer und Muskat würzen. Unter Rühren aufkochen. Ca. 15 Minuten köcheln, dabei mehrmals umrühren.

2 Petersilie waschen, Blättchen fein hacken und unter das Relish rühren. Ca. 1 Minute weiterköcheln. Mit Salz und Pfeffer abschmecken. Heiß in vorbereitete Twist-off-Gläser füllen. Gläser verschließen. Auskühlen lassen. Kühl und dunkel lagern.

ZUBEREITUNGSZEIT ca. 45 Min. · **HALTBARKEIT** ca. 2 Monate

Feine Gewürzgürkchen

ZUTATEN FÜR CA. 4 GLÄSER (À CA. 400 ML)

♥ 1 kg kleine Einlegegurken ♥ 50 g Salz ♥ 150 g Perlzwiebeln ♥ 4 Stiele Estragon ♥ 4 Lorbeerblätter ♥ 4 Gewürznelken ♥ 2 EL Senfkörner ♥ 1 EL Pfefferkörner ♥ 125 ml Essigessenz ♥ 50 g Zucker ♥ 1 Päckchen Einmachhilfe

1 2 TAGE VORHER Gurken unter fließendem Wasser abschrubben. Salz in ca. 750 ml kaltem Wasser auflösen und die Gurken damit bedecken. Zugedeckt an einem kühlen Ort ca. 2 Tage stehen lassen.

2 NACH 2 TAGEN Perlzwiebeln schälen. Estragon waschen. Gurken abspülen, mit Zwiebeln, Estragon und Gewürzen in vorbereitete, verschließbare Gläser verteilen.

3 FÜR DEN SUD Essigessenz, ca. 600 ml Wasser und Zucker aufkochen. Einmachhilfe einrühren. Heißen Sud über die Gurken gießen. Gläser verschließen und ca. 1 Monat an einem dunklen Ort ziehen lassen.

ZUBEREITUNGSZEIT ca. 30 Min. + Wartezeit ca. 1 Monat
HALTBARKEIT ca. 6 Monate

Der Herbst lädt ein

Herbstzeit ist Erntezeit! So viel Gutes füllt jetzt Keller und Vorratskammern, zum Beispiel Kartoffeln, Wurzelgemüse, Kohl, Äpfel und Nüsse. Ein wahres Fest für Genießer

Pilzrahmtopf mit Mettenden

ZUTATEN FÜR 4 PERSONEN

- 500 g kleine Champignons
- 1 Zwiebel
- 1 Bund Suppengrün (ca. 600 g)
- 4 Mettenden (à ca. 75 g)
- 2–3 EL Öl
- 1 Zweig Rosmarin
- 2 EL Mehl
- 200 g Schlagsahne
- 2 TL Gemüsebrühe (instant)
- 4 Stiele Petersilie
- Salz ♥ Pfeffer ♥ Zucker

1 Pilze putzen, kurz waschen, trocken tupfen und halbieren. Zwiebel schälen und fein würfeln. Suppengrün putzen bzw. schälen, waschen und fein schneiden. Mettenden in Scheiben schneiden.

2 Öl in einem Topf erhitzen. Wurstscheiben darin ca. 2 Minuten anbraten. Pilze zufügen und unter Wenden kräftig mitbraten. Suppengrün und Zwiebel zufügen und kurz mitbraten. Rosmarin waschen, Nadeln abzupfen, grob hacken und zufügen.

3 Alles mit Mehl bestäuben und kurz anschwitzen. Gut 750 ml Wasser und Sahne zugießen. Aufkochen, Brühe einrühren und ca. 5 Minuten köcheln.

4 Petersilie waschen und hacken. Suppe mit Salz, Pfeffer und 1 Prise Zucker abschmecken. Petersilie unterrühren.

ZUBEREITUNGSZEIT ca. 30 Min.
PORTION ca. 480 kcal
E 19 g · F 37 g · KH 14 g

Nudeln mit Kürbis-Tomaten-Soße und Salsicce

ZUTATEN FÜR 4–6 PERSONEN

- 1 Hokkaidokürbis (ca. 850 g)
- 1 Zwiebel
- 2 Knoblauchzehen
- 1 rote Chilischote
- 4 Salsicce (ca. 300 g; italienische Fenchelbratwurst)
- 2 EL Olivenöl
- Salz ♥ Pfeffer
- 2 Dosen (à 425 ml) stückige Tomaten
- 500 g Spaghetti
- 1 Bund Basilikum
- 200 g Ziegenfrischkäse

1 Kürbis waschen, halbieren, entkernen und mit Schale in kleine Würfel schneiden. Zwiebel und Knoblauch schälen und würfeln. Chili putzen, längs einschneiden, entkernen, waschen und hacken. Wurst in mundgerechte Stücke schneiden.

2 Öl in einer großen Pfanne erhitzen. Wurst darin ca. 4 Minuten anbraten, herausnehmen. Kürbis im Bratfett ca. 5 Minuten braten. Zwiebel, Knoblauch und Chili kurz mitbraten. Alles mit Salz und Pfeffer würzen. Ca. 4 EL Kürbismischung herausnehmen. Rest Kürbis mit Tomaten ablöschen und zugedeckt ca. 10 Minuten köcheln.

3 Nudeln in kochendem Salzwasser nach Packungsanweisung bissfest garen. Basilikum waschen und fein schneiden. Kürbis in der Tomatensoße grob zerstampfen. Wurst, Basilikum, Hälfte Frischkäse und die herausgenommene Kürbismischung unterrühren. Soße mit Salz und Pfeffer abschmecken.

4 Nudeln abgießen und mit der Soße mischen. Restlichen Frischkäse in Flöckchen darüberstreuen.

ZUBEREITUNGSZEIT ca. 40 Min.
PORTION ca. 660 kcal
E 22 g · F 24 g · KH 84 g

Waldpilz-Eintopf

ZUTATEN FÜR 4 PERSONEN

- 500 g Waldpilze (z. B. Maronen, Steinpilze, Pfifferlinge)
- 3–4 Möhren
- 2–3 Pastinaken
- 1 Petersilienwurzel
- 2 Zwiebeln (z. B. rote)
- 2 EL Olivenöl
- 2 EL Butter
- 125 ml Rotwein
- 1 TL Gemüsebrühe (instant)
- Salz ♥ Pfeffer
- 100 g junger Blattspinat
- 100 g Schlagsahne

1 Pilze putzen, kurz waschen, trocken tupfen und klein schneiden. Möhren, Pastinaken und Petersilienwurzel schälen, waschen und in Scheiben bzw. Stücke schneiden. Zwiebeln schälen und würfeln.

2 Öl und Butter portionsweise in einem Topf erhitzen. Pilze darin portionsweise anbraten, herausnehmen. Zwiebeln im Bratfett glasig dünsten. Wurzelgemüse zufügen und andünsten.
250 ml Wasser und Rotwein zugießen, aufkochen und Brühe einrühren. Mit Salz und Pfeffer würzen. Zugedeckt ca. 15 Minuten köcheln.

3 Inzwischen Spinat verlesen und waschen. Spinat, Pilze und Sahne in den Eintopf geben und alles ca. 5 Minuten weiterköcheln. Eintopf mit Salz und Pfeffer abschmecken. Dazu schmeckt frisches Bauernbrot.

ZUBEREITUNGSZEIT ca. 50 Min.
PORTION ca. 280 kcal
E 8 g · F 20 g · KH 11 g

Sahnekürbis mit Mettbällchen

ZUTATEN FÜR 4–6 PERSONEN

- 1 Hokkaidokürbis (ca. 800 g)
- 2 Stangen Porree
- 750 g Kartoffeln
- 4–5 Stiele Thymian
- 3 Stiele Petersilie
- 1–2 Zweige Rosmarin
- 4–5 EL Öl
- ca. 1 TL Salz ♥ Pfeffer
- ½ TL Edelsüßpaprika
- 1 kleine Zwiebel
- 500 g Mett (gewürztes Schweinehack)
- 200 g Schlagsahne

1 Kürbis vierteln, entkernen, waschen und in dünne Spalten schneiden. Porree putzen, waschen und in breite Ringe schneiden. Kartoffeln schälen, waschen und längs halbieren. Kürbis, Porree und Kartoffeln in eine weite ofenfeste Form oder auf die Fettpfanne des Backofens geben.

2 Kräuter waschen, Blättchen bzw. Nadeln grob hacken. 2–3 EL Öl, Kräuter, Salz, Pfeffer und Paprika verrühren. Über das Gemüse geben und alles gut durchmischen.

3 FÜR DIE METTBÄLLCHEN Zwiebel schälen und fein würfeln. Mett und Zwiebel verkneten und daraus mit angefeuchteten Händen ca. 20 Bällchen formen. 2 EL Öl in einer Pfanne erhitzen. Mettbällchen darin unter Wenden 4–5 Minuten braten.

4 Mettbällchen auf dem Gemüse verteilen. Bratensatz in der Pfanne mit Sahne ablöschen, kurz aufkochen und über das Gemüse gießen. Alles im vorgeheizten Backofen auf der unteren Schiene (E-Herd: 200 °C/Umluft: 180 °C/Gas: s. Hersteller) ca. 45 Minuten backen.

ZUBEREITUNGSZEIT ca. 1 ½ Std.
PORTION ca. 580 kcal
E 25 g · F 37 g · KH 36 g

SCHNELL

Das Praktische an Hokkaido: Er ist rasch vorbereitet, denn die Schale isst man mit.

Wirsingtorte mit Hack

ZUTATEN FÜR CA. 10 STÜCKE

- ♥ 750 g Kartoffeln
- ♥ 1 Wirsing (ca. 1,2 kg) ♥ Salz
- ♥ 2 Zwiebeln ♥ 2 Knoblauchzehen
- ♥ 4 EL Butter ♥ Pfeffer
- ♥ gemahlener Kümmel
- ♥ Fett für die Form
- ♥ 500 g gemischtes Hack
- ♥ 2 Eier (Gr. M) ♥ Edelsüßpaprika
- ♥ 150 g Kirschtomaten
- ♥ 2 EL Röstzwiebeln ♥ *Alufolie*

1 Kartoffeln waschen und in Wasser ca. 20 Minuten kochen. Vom Wirsing ca. 6 äußere Blätter entfernen. Waschen und die Mittelrippen flach schneiden. Blätter portionsweise in kochendem Salzwasser ca. 1 Minute blanchieren. Abschrecken und gut abtropfen lassen. Rest Wirsing putzen, waschen und in Streifen schneiden. Zwiebeln und Knoblauch schälen und würfeln. Kartoffeln abgießen, abschrecken, schälen und abkühlen lassen.

2 2 EL Butter in einer großen Pfanne erhitzen. Zwiebeln, Knoblauch und Wirsing darin ca. 5 Minuten andünsten. Mit Salz, Pfeffer und 1 TL Kümmel würzen. Abkühlen lassen.

3 Eine Springform (26 cm Ø) fetten und am unteren Rand mit Alufolie umwickeln. Den Boden der Form mit 1 Wirsingblatt auslegen. Dann weitere 4 Blätter so in die Form legen, dass sie zur Hälfte über den Formrand hängen.

4 Kartoffeln würfeln. Hack und Eier verkneten. Mit Salz, Pfeffer, 1 TL Kümmel und Edelsüßpaprika würzen. Kartoffeln und Wirsing untermischen. Masse in der Form verteilen. Mit dem 6. Wirsingblatt belegen und den überstehenden Blättern bedecken. 1 EL Butter in Flöckchen darauf verteilen. Im vorgeheizten Backofen (E-Herd: 180 °C/Umluft: 160 °C/Gas: s. Hersteller) ca. 1 Stunde backen. Evtl. nach ca. 15 Minuten mit Alufolie zudecken.

5 Tomaten waschen und halbieren. 1 EL Butter erhitzen. Tomaten darin ca. 2 Minuten schwenken. Mit Salz und Pfeffer würzen und mit den Röstzwiebeln mischen. Torte aus der Form lösen und mit Tomaten anrichten. Dazu schmeckt Schmand.

ZUBEREITUNGSZEIT ca. 1 ½ Std. + Wartezeit ca. 30 Min.
STÜCK ca. 280 kcal
E 16 g · F 16 g · KH 15 g

EINFRIEREN

Reste lassen sich prima einfrieren. Am besten in Tortenstücke schneiden, in Alufolie wickeln und tiefkühlen. Bei Bedarf auftauen lassen und in der Mikrowelle oder im Backofen erhitzen.

Birnen, Bohnen und Kasseler

ZUTATEN FÜR 6 PERSONEN

- 2 Zwiebeln ♥ 1 Lorbeerblatt
- 1 TL Pfefferkörner ♥ 2 Gewürznelken
- 800 g ausgelöster Kasselernacken
- 2–3 EL Öl
- 1,5 kg grüne Bohnen
- 6 reife Birnen (ca. 1 kg)
- 1 Bund Bohnenkraut
- 1,2 kg Kartoffeln ♥ Salz
- 6 geräucherte Kochwürste oder Mettenden (ca. 450 g)
- 1 Bund krause Petersilie ♥ Pfeffer
- *1 Papierteefilter ♥ Küchengarn*

1 Zwiebeln schälen und in Würfel schneiden. Lorbeer, Pfefferkörner und Nelken in einen Teefilter geben und diesen mit Küchengarn verschließen. Fleisch trocken tupfen. Öl in einem großen, weiten Bräter erhitzen. Fleisch darin rundherum leicht anbraten. Zwiebeln kurz mitbraten. Gut 1 l heißes Wasser angießen. Gewürzbeutel zufügen. Alles aufkochen und zugedeckt ca. 1 ½ Stunden köcheln.

2 Bohnen putzen, waschen und in Stücke schneiden. Birnen und Bohnenkraut waschen. Bohnenkraut mit Küchengarn zusammenbinden.

3 Kartoffeln schälen, waschen und in Salzwasser ca. 20 Minuten kochen. Fleisch und Gewürzbeutel aus der Brühe heben. Birnen, Bohnen und Bohnenkraut in die Brühe geben, aufkochen und zugedeckt ca. 20 Minuten köcheln. Nach ca. 5 Minuten Würste zugeben und mitkochen.

4 Petersilie waschen und fein hacken. Fleisch in Scheiben schneiden und auf ein Backblech legen. Unter dem vorgeheizten Grill des Backofens ca. 5 Minuten knusprig grillen.

5 Kochwürste, Birnen und Bohnenkraut aus der Brühe heben. Petersilie unter die Bohnen rühren. Bohnen mit Salz und Pfeffer abschmecken. Kartoffeln abgießen und das Fleisch aus dem Ofen nehmen.

6 Bohnen mit Birnen und Kochwürsten anrichten. Birnen evtl. halbieren, Würste evtl. in Scheiben schneiden. Kasseler und Kartoffeln dazu reichen. Dazu schmeckt Senf.

ZUBEREITUNGSZEIT ca. 2 ¼ Std.
PORTION ca. 730 kcal
E 45 g · F 33 g · KH 58 g

Gewürzschnitzel mit Süßkartoffelstampf

ZUTATEN FÜR 4 PERSONEN

- 2 EL Korianderkörner ♥ 2 TL Pimentón de la Vera (geräuchertes Paprikapulver) ♥ Salz
- 4 Schweineschnitzel (à ca. 180 g)
- 1 kg Süßkartoffeln ♥ 1 grüne Paprikaschote
- 1 Zwiebel ♥ 2 Knoblauchzehen
- 1 Dose (425 ml) Kidneybohnen
- 1 Dose (425 ml) Gemüsemais ♥ 5 EL Öl
- 2 EL Tomatenmark ♥ Pfeffer ♥ Zucker
- 2 EL Sonnenblumenkerne
- 3 EL Butter ♥ 150 ml Milch ♥ Muskat

1 Koriander im Mörser fein zerstoßen. Mit Paprikapulver und ½ TL Salz mischen. Schnitzel trocken tupfen, evtl. flacher klopfen, quer dritteln und mit der Gewürzmischung kräftig einreiben.

2 Süßkartoffeln schälen, waschen, klein schneiden und in Salzwasser ca. 20 Minuten kochen. Paprika putzen, waschen und würfeln. Zwiebel und Knoblauch schälen und würfeln. Bohnen und Mais abgießen, abspülen und abtropfen lassen.

3 2 EL Öl erhitzen. Zwiebel und Knoblauch darin mitdünsten. Tomatenmark und Paprika kurz andünsten. 100 ml Wasser, Bohnen und Mais zufügen, aufkochen, ca. 3 Minuten köcheln. Mit Salz, Pfeffer und 1 Prise Zucker abschmecken.

4 Sonnenblumenkerne in einer großen Pfanne ohne Fett rösten, herausnehmen. 3 EL Öl in der Pfanne erhitzen. Schnitzel darin portionsweise pro Seite ca. 2 Minuten braten. Kartoffeln abgießen. Butter und Milch zugeben, alles grob stampfen. Mit Salz und Muskat abschmecken. Alles anrichten. Kerne darüberstreuen.

ZUBEREITUNGSZEIT ca. 45 Min.
PORTION ca. 690 kcal
E 46 g · F 20 g · KH 78 g

PIMENTÓN

Das Paprikapulver ist eine spanische Spezialität aus der Extremadura. Dafür werden die getrockneten Schoten über Eichenholzfeuer geräuchert. Dabei nehmen sie ein feines Raucharoma an.

Dreierlei Bratkartoffeln

DIE PERFEKTE BRATKARTOFFEL

Mittelgroße festkochende Kartoffeln *waschen und zugedeckt ca. 20 Minuten kochen. Abgießen, abschrecken, schälen und am besten über Nacht auskühlen lassen. Kartoffeln nicht zu klein schneiden und in einer* ***großen Pfanne*** *in heißem* ***Butterschmalz*** *oder* ***Öl*** *zunächst von einer Seite goldbraun braten. Dann erst wenden und zu Ende braten.*

1. Mit Paprika

ZUTATEN FÜR 4 PERSONEN

1 kg Pellkartoffeln *(s. oben) grob schneiden.* ***2 kleine Paprikaschoten (gelb und rot)*** *putzen, waschen und in Streifen schneiden. Kartoffeln in* ***4 EL heißem Öl*** *ca. 10 Minuten goldbraun braten.* ***1 TL Paprikapulver*** *und* ***Paprikastreifen*** *ca. 5 Minuten mitbraten. Mit* ***Salz*** *und* ***Pfeffer*** *abschmecken.*

ZUBEREITUNGSZEIT ca. 25 Min.
PORTION ca. 290 kcal · E 6 g · F 11 g · KH 40 g

2. Mit Nüssen und Zwiebeln

ZUTATEN FÜR 4 PERSONEN

1 kg Pellkartoffeln *(s. oben) in Scheiben schneiden.* ***2 rote Zwiebeln*** *schälen und in Spalten schneiden. Kartoffeln in* ***3 EL heißem Butterschmalz*** *ca. 10 Minuten goldbraun braten.* ***Zwiebeln*** *und* ***100 g gehackte Haselnüsse*** *ca. 5 Minuten mitbraten. Mit* ***Salz, Pfeffer*** *und* ***abgeriebener Schale von 1 Bio-Zitrone*** *abschmecken.*

ZUBEREITUNGSZEIT ca. 25 Min.
PORTION ca. 410 kcal · E 9 g · F 23 g · KH 40 g

3. Mit Rosmarin und Knoblauch

ZUTATEN FÜR 4 PERSONEN

1 kg Pellkartoffeln *(s. oben) in Scheiben schneiden. Kartoffeln in* ***4 EL heißem Olivenöl*** *ca. 10 Minuten goldbraun braten.* ***2 gehackte Knoblauchzehen*** *und* ***1 EL Rosmarinnadeln*** *kurz mitbraten. Bratkartoffeln mit* ***Salz*** *und* ***Pfeffer*** *abschmecken.*

ZUBEREITUNGSZEIT ca. 20 Min.
PORTION ca. 270 kcal · E 5 g · F 10 g · KH 37 g

Gulasch-Kartoffel-Auflauf

ZUTATEN FÜR 6 PERSONEN

- 3 Zwiebeln ♥ 300 g Champignons
- 2 Stangen Porree
- 150 g geräucherter durchwachsener Speck
- 1,5 kg gemischtes Gulasch
- 3 EL Butterschmalz
- Salz ♥ Pfeffer ♥ 2 EL Mehl
- 200 ml trockener Weißwein
- 750 g Kartoffeln ♥ 100 g Schlagsahne
- 100 g Raclettekäse (Stück) ♥ 2 EL Öl

1 Zwiebeln schälen, grob würfeln. Pilze putzen, kurz waschen, trocken tupfen und halbieren. Porree putzen, waschen und in Ringe schneiden. Speck in dünne Streifen schneiden. Fleisch trocken tupfen und evtl. etwas kleiner schneiden.

2 1 EL Butterschmalz in einem Bräter erhitzen. Speck darin 5–6 Minuten braten, herausnehmen. Pilze im heißen Bratfett kräftig anbraten. Porree kurz mitbraten. Alles herausnehmen. 2 EL Butterschmalz im Bratfett erhitzen. Fleisch darin portionsweise rundherum ca. 5 Minuten anbraten. Zwiebeln zum Schluss mitbraten. Gesamtes Fleisch und Speck wieder in den Bräter geben. Mit Salz und Pfeffer würzen. Mit Mehl bestäuben und anschwitzen. Mit Wein und 750 ml Wasser ablöschen, aufkochen. Zugedeckt bei mittlerer Hitze ca. 1 ¾ Stunden schmoren.

3 Kartoffeln waschen, in Wasser ca. 20 Minuten kochen. Abgießen, abschrecken, schälen, auskühlen lassen.

4 Pilzmischung und Sahne unter das Gulasch rühren. Weitere ca. 15 Minuten schmoren. Gulasch mit Salz und Pfeffer abschmecken und in eine Auflaufform füllen. Kartoffeln in Scheiben schneiden, dachziegelartig auf dem Gulasch verteilen. Käse würfeln und darauf verteilen. Öl darüberträufeln. Im vorgeheizten Backofen (E-Herd: 230 °C/ Umluft: 210 °C/Gas: s. Hersteller) ca. 15 Minuten goldbraun überbacken.

ZUBEREITUNGSZEIT ca. 3 Std.
PORTION ca. 710 kcal · E 68 g · F 36 g · KH 24 g

Linsensuppe mit Haselnusspesto

ZUTATEN FÜR 4 PERSONEN

- 1 Bund Suppengrün
- 2 Zwiebeln
- 4–5 EL Öl
- 250 g Tellerlinsen
- 300 g ausgelöster Kasselerrücken
- 1 TL getrockneter Thymian
- 250 g Kartoffeln
- 75 g getrocknete Softpflaumen
- 1 Bund Petersilie
- 40 g Haselnusskerne
- Salz ♥ Pfeffer
- ca. 2 EL Obstessig

1 Suppengrün putzen bzw. schälen und waschen. Möhren und Sellerie klein würfeln, Porree in Ringe schneiden. Zwiebeln schälen und fein würfeln.

2 1 EL Öl in einem großen Topf erhitzen. Suppengrün und gut die Hälfte der Zwiebeln darin andünsten. Linsen und Fleisch mit 1,5 l Wasser und Thymian zum Gemüse geben. Alles aufkochen und zugedeckt ca. 25 Minuten köcheln.

3 Kartoffeln schälen, waschen und in kleine Würfel schneiden. Pflaumen würfeln. Beides zu den Linsen geben und ca. 15 Minuten weitergaren.

4 FÜR DAS PESTO Petersilie waschen, Blättchen abzupfen. Mit Nüssen und übrigen Zwiebeln grob pürieren, dabei 3–4 EL Öl unterrühren. Haselnusspesto mit Salz und Pfeffer abschmecken.

5 Fleisch aus der Suppe nehmen, in Würfel schneiden und wieder in die Suppe geben. Suppe mit Salz, Pfeffer und Essig abschmecken. In tiefen Tellern mit etwas Pesto anrichten. Restliches Pesto dazu reichen.

ZUBEREITUNGSZEIT ca. 1 Std.
PORTION ca. 590 kcal
E 38 g · F 23 g · KH 54 g

AROMA-TURBO

Die Haselnüsse fürs Pesto in einer Pfanne ohne Fett rösten, bis sie duften. Das verleiht dem Pesto noch mehr Würze.

Rote-Bete-Salat mit gebratener Kesselwurst

ZUTATEN FÜR 4 PERSONEN

- 600 g Rote Beten
- ½ TL Kümmelsaat
- 2 Zwiebeln
- 5 EL Weißweinessig ♥ 1 EL Öl
- 2 EL Zucker ♥ 1 TL Salz
- 2 EL Sonnenblumenkerne
- 100 g Feldsalat
- 2 Stiele Majoran
- 4 Stiele Petersilie
- 2 Eier
- je ca. 250 g schnittfeste Leberwurst und Blutwurst
- 2 EL Mehl
- 100 g Semmelbrösel
- 2 EL Butterschmalz

1 Rote Beten waschen und in kochendem Wasser ca. 40 Minuten garen. Abgießen, abschrecken, abkühlen lassen.

2 FÜR DEN SUD Kümmel in einem Mörser zerstoßen. Zwiebeln schälen und in feine Ringe hobeln oder schneiden. 100 ml Wasser, Essig, Öl, Kümmel, Zucker und Salz in einem kleinen Topf aufkochen. Zwiebeln zufügen und ca. 5 Minuten weiterköcheln.

3 Rote Beten schälen und in dünne Scheiben hobeln oder schneiden (Vorsicht, färben stark! Einmalhandschuhe tragen). Mit dem Sud mischen und auskühlen lassen.

4 Sonnenblumenkerne in einer Pfanne ohne Fett goldbraun rösten. Abkühlen lassen. Salat putzen und waschen.

5 FÜR DIE WURSTSCHEIBEN Kräuter waschen und fein hacken. Eier verquirlen, Kräuter einrühren. Gesamte Wurst aus der Haut lösen und in ca. 5 mm dicke Scheiben schneiden. Nacheinander in Mehl, Ei und Semmelbröseln wenden. Butterschmalz in einer großen Pfanne erhitzen. Wurstscheiben darin pro Seite 1–2 Minuten braten. Auf Küchenpapier abtropfen lassen. Rote Beten mit Salat, Wurst und Sonnenblumenkernen anrichten.

ZUBEREITUNGSZEIT ca. 1 ¼ Std. + Wartezeit ca. 1 Std.
PORTION ca. 710 kcal
E 25 g · F 49 g · KH 40 g

Spanferkelbraten auf Paprikakohl

ZUTATEN FÜR 6 PERSONEN

FÜR DIE SPANFERKELKEULE
- 3 Zwiebeln
- 1 Bund Suppengrün
- 1,6 kg Spanferkelkeule mit Schwarte (ohne Knochen, vom Fleischer auslösen lassen; evtl. vorbestellen)
- Salz ♥ Pfeffer
- 2 EL getrockneter Majoran
- 2 EL Öl
- 1 leicht gehäufter EL Speisestärke
- *Küchengarn*

FÜR PAPRIKAKOHL & PILZE
- 3 Zwiebeln
- 2 große rote Paprikaschoten
- 1 Weißkohl (ca. 1,5 kg)
- 500 g Champignons
- 5–6 EL Öl
- 1 TL Gemüsebrühe (instant)
- Salz ♥ Pfeffer ♥ Zucker
- Edelsüßpaprika

FÜR DIE SCHUPFNUDELN
- 2 EL Butterschmalz
- 500 g frische Schupfnudeln (Kühlregal)

1 FÜR DIE SPANFERKELKEULE 3 Zwiebeln schälen und würfeln. Suppengrün putzen bzw. schälen, waschen und grob würfeln. Fleisch gut trocken tupfen. Schwarte mit einem scharfen Messer im Abstand von ca. 2 cm mehrmals einritzen. Fleischseite mit Salz, Pfeffer und Majoran einreiben. Keule mit Küchengarn in Form binden.

2 Öl in einem Bräter erhitzen. Fleisch darin rundherum kräftig anbraten, herausnehmen. Zwiebelwürfel und Suppengrün im heißen Bratfett kräftig anbraten. Mit 1 l Wasser ablöschen. Fleisch daraufsetzen und im vorgeheizten Backofen (E-Herd: 180 °C/Umluft: 160 °C/Gas: s. Hersteller) offen ca. 2 ½ Stunden schmoren.

3 FÜR PAPRIKAKOHL & PILZE 3 Zwiebeln schälen und fein würfeln. Paprika waschen, putzen und in feine Streifen schneiden. Kohl putzen, waschen, vierteln und in Streifen vom Strunk schneiden. Champignons putzen, kurz waschen, trocken tupfen und je nach Größe halbieren.

4 3–4 EL Öl in einem Schmortopf erhitzen. Hälfte Zwiebeln, Kohl und Paprika darin kräftig anbraten. Mit 150 ml Wasser ablöschen, aufkochen, Brühe einrühren und zugedeckt ca. 25 Minuten schmoren. Mit Salz, Pfeffer, etwas Zucker und ca. 1 EL Paprika würzen.

5 FÜR DIE KEULE Backofen hochschalten (E-Herd: 230 °C/Umluft: 210 °C/Gas: s. Hersteller) und Braten weitere ca. 30 Minuten knusprig braten.

6 FÜR DIE PILZE 2 EL Öl in einer großen Pfanne erhitzen. Champignons und restliche Zwiebeln darin 5–8 Minuten unter Wenden braten. Mit Salz und Pfeffer würzen. Warm stellen.

7 FÜR DIE SCHUPFNUDELN Butterschmalz in einer Pfanne erhitzen. Schupfnudeln darin goldbraun braten und warm stellen.

8 Keule herausheben und warm stellen. Für die Soße Fond in einen Topf durchsieben und aufkochen. Stärke und 4–5 EL Wasser glatt rühren, in den Fond rühren, aufkochen und ca. 1 Minute köcheln. Soße mit Salz und Pfeffer abschmecken. Alles anrichten.

ZUBEREITUNGSZEIT ca. 3 ¾ Std.
PORTION ca. 710 kcal
E 63 g · F 29 g · KH 45 g

FESSELND
So hält die Keule ohne Knochen gut zusammen und gart schön gleichmäßig: Garn um ein Fleischende knoten, dann den Braten längs und quer wie ein Paket fest verschnüren.

Rehkeule mit Wacholdersoße

ZUTATEN FÜR 4–6 PERSONEN

- 1 Rehkeule mit Knochen (ca. 2,2 kg)
- 2 kg Buttermilch
- 1 Bund Suppengrün ♥ 1 Zwiebel
- 2 EL Öl ♥ Salz ♥ Pfeffer
- 200 g fetter Speck (dünne Scheiben)
- 1 EL Wacholderbeeren
- 5 EL Gin
- 500 g Rosenkohl
- 500 g Möhren
- 1 gehäufter TL Speisestärke
- 3 EL Zucker ♥ *evtl. 1 großer Gefrierbeutel*

1 AM VORTAG FÜR DAS FLEISCH Keule abspülen und trocken tupfen. Sehnen und Häutchen abschneiden. Keule in einem weiten Topf mit Buttermilch begießen oder samt Buttermilch in einen großen Gefrierbeutel geben und diesen gut verschließen. Zugedeckt über Nacht kalt stellen, dabei einmal wenden.

2 AM NÄCHSTEN TAG Suppengrün putzen bzw. schälen und waschen. Zwiebel schälen. Alles grob schneiden. Öl in einer Pfanne erhitzen. Gemüse und Zwiebel darin kräftig anbraten, dann auf der Fettpfanne des Backofens verteilen.

3 Keule aus der Buttermilch nehmen und etwas abtupfen. Mit Salz und Pfeffer würzen. Keule auf das Gemüse setzen und mit Speckscheiben bedecken. Im vorgeheizten Backofen (E-Herd: 120 °C/ Umluft: 100 °C/Gas: s. Hersteller) ca. 4 Stunden garen. Nach ca. 1 ½ Stunden Wacholderbeeren zerdrücken. Mit Gin und 800 ml Wasser zum Fleisch geben.

4 FÜR DAS GEMÜSE Rosenkohl putzen und waschen. Möhren schälen, waschen, längs halbieren und in kurze Stücke schneiden. Rosenkohl in kochendem Salzwasser ca. 12 Minuten garen, Möhren nach ca. 6 Minuten mitgaren. Alles abgießen.

5 Keule aus dem Ofen nehmen, Fond durch ein Sieb in einen Topf gießen. Keule wieder auf die Fettpfanne setzen und ca. 15 Minuten weiterbraten.

6 FÜR DIE SOSSE das Fett des Fonds abschöpfen und Fond aufkochen. Stärke mit 2 EL Wasser glatt rühren, in die Soße rühren und 1–2 Minuten köcheln. Soße mit Salz und Pfeffer abschmecken.

7 FÜR DAS GEMÜSE Zucker in einer Pfanne hellgelb karamellisieren lassen. Rosenkohl und Möhren zufügen. Mit 100 ml Wasser ablöschen und kurz aufkochen. Mit Salz und Pfeffer abschmecken. Rehkeule mit Soße und Gemüse anrichten. Dazu schmecken Kroketten.

ZUBEREITUNGSZEIT ca. 5 Std. + Wartezeit ca. 12 Std.
PORTION ca. 550 kcal
E 56 g · F 22 g · KH 22 g

Kartoffel-Cremesuppe nach Winzer-Art

ZUTATEN FÜR 10–12 PERSONEN

- 1 großes Bund Suppengrün
- 2 Zwiebeln ♥ 750 g Kartoffeln
- 4 EL Öl ♥ Salz ♥ Pfeffer
- 350 ml trockener Weißwein (z. B. Grauburgunder)
- ca. 1,5 l Gemüsebrühe (z. B. selbst gekocht, s. Rezept unten, oder instant)
- 250 g Schlagsahne ♥ 2 EL Butter
- 5 dünne Scheiben Schwarzbrot
- 2 dünne Stangen Porree
- 5 Stiele Petersilie

1 Suppengrün putzen bzw. schälen, waschen und klein schneiden. Zwiebeln schälen und würfeln. Kartoffeln schälen, waschen und ebenfalls in Würfel schneiden.

2 2 EL Öl in einem großen Topf erhitzen. Suppengrün, Zwiebeln und Kartoffeln darin andünsten. Mit Salz und Pfeffer würzen. Mit Wein, Brühe und Sahne ablöschen, aufkochen und zugedeckt ca. 20 Minuten garen.

3 FÜR DIE CROÛTONS inzwischen Butter in einer großen Pfanne erhitzen. Brot in Würfel schneiden und darin anrösten, herausnehmen.

4 Porree putzen, waschen und in dünne Ringe schneiden. 2 EL Öl in der Pfanne erhitzen. Porree darin andünsten. Mit Salz und Pfeffer würzen, herausnehmen. Petersilie waschen und fein hacken.

5 Suppe mit einem Kartoffelstampfer fein zerstampfen. Mit Salz und Pfeffer kräftig abschmecken. Mit Porree, Croûtons und gehackter Petersilie anrichten.

ZUBEREITUNGSZEIT ca. 1 Std.
PORTION ca. 230 kcal
E 5 g · F 12 g · KH 20 g

GEMÜSEBRÜHE SELBST KOCHEN

2 Bund Suppengrün, 2 Zwiebeln und evtl. 2 Knoblauchzehen putzen bzw. schälen, klein schneiden. Mit Salz, 1 TL Pfefferkörnern, 2 Lorbeerblättern, 4 Gewürznelken und ca. 2 l Wasser aufkochen. Zugedeckt ca. 45 Minuten köcheln, dann durchsieben.

Herzhaft gefüllter Bratapfel

ZUTATEN FÜR 4 PERSONEN

- 250 g Kartoffeln ♥ 1 Zwiebel
- 125 g Südtiroler Speck
- 4 große Äpfel (z. B. Jonagold)
- 2 EL Zitronensaft ♥ 2 EL Öl
- 1 TL getrockneter Majoran
- 5 EL Apfelsaft ♥ Salz ♥ Pfeffer
- 3 Scheiben (à 75 g) TK-Blätterteig
- Mehl für die Arbeitsfläche
- 4 Zimtstangen (à ca. 6 cm)
- 1 Eigelb (Gr. M) ♥ 1 TL Milch

1 Kartoffeln schälen, waschen, fein würfeln und mit Wasser bedecken. Zwiebel schälen. Speck und Zwiebel fein würfeln. Äpfel waschen. Vom Stielansatz her das Fruchtfleisch samt Kerngehäuse keilförmig (oben ca. 5 cm Ø) herausschneiden. Mulden evtl. mit einem Teelöffel etwas vergrößern. Äpfel innen mit 1 EL Zitronensaft bestreichen. Fruchtfleisch vom Kerngehäuse abschneiden und fein würfeln. Mit 1 EL Zitronensaft mischen.

2 FÜR DAS GRÖSTL Kartoffeln abtropfen lassen und trocken tupfen. Öl in einer Pfanne erhitzen. Speck darin anbraten. Kartoffeln und Zwiebel kurz mitbraten. Majoran, Apfelwürfel und -saft zufügen. Aufkochen, mit Salz und Pfeffer würzen und zugedeckt ca. 5 Minuten garen. Abkühlen lassen.

3 FÜR DIE HAUBE Teigscheiben nebeneinander auf der bemehlten Arbeitsfläche ca. 5 Minuten antauen lassen. Teigscheiben aufeinanderlegen, rechteckig (ca. 28 x 36 cm) ausrollen. Aus dem Teig 4 Kreise (ca. 13 cm Ø) und 8–12 Blätter (ca. 5 cm lang) ausstechen bzw. ausschneiden. In die Mitte der Kreise je 3 kleine Löcher stechen.

4 Äpfel mit Gröstl füllen, mit je einem Teigkreis bedecken. Je 1 Zimtstange durch eines der Löcher im Teig stecken. Eigelb und Milch verquirlen, Teig damit bestreichen. Blätter daraufkleben und mit Eigelb bestreichen. Äpfel in eine flache ofenfeste Form setzen. Im heißen Ofen (E-Herd: 200 °C/Umluft: 180 °C/Gas: s. Hersteller) ca. 35 Minuten backen. Rest Gröstl nach ca. 15 Minuten um die Äpfel verteilen und mitbacken.

ZUBEREITUNGSZEIT ca. 1 ½ Std.
PORTION ca. 460 kcal · E 14 g · F 22 g · KH 48 g

Ente mit karamellisiertem Spitzkohl

ZUTATEN FÜR 4 PERSONEN

- 1 küchenfertige Bio- oder Freilandente (ca. 2 kg) ♥ Salz ♥ Pfeffer
- 1 Zwiebel ♥ 6 Stiele Thymian
- 5 Äpfel (z. B. Cox Orange)
- 1 Gemüsezwiebel
- 2 Orangen ♥ 1 EL Butter
- 1 EL Tomatenmark
- 1 Glas (400 ml) Gemüsefond
- 1 Spitzkohl (ca. 1 kg)
- 3 EL Wildpreiselbeeren (Glas)
- 3–4 EL Balsamico-Essig
- 2 EL (20 g) Speisestärke ♥ 50 g Zucker
- 200 g Kondensmilch (10 % Fett)
- *Küchengarn* ♥ *Holzspießchen*

1 Ente von innen und außen waschen, trocken tupfen und mit Salz und Pfeffer einreiben. Flügel mit Küchengarn auf dem Rücken zusammenbinden.

2 FÜR DIE FÜLLUNG Zwiebel schälen und grob würfeln. Thymian waschen, Blättchen abzupfen. 3 Äpfel schälen, vierteln, entkernen und würfeln. Alles mischen, mit Salz und Pfeffer würzen.

3 Die Füllung in die Ente stecken. Ente mit Holzspießchen zustecken und mit Küchengarn zubinden. Ente mit der Brust nach oben in einen Bräter legen. 250 ml Wasser angießen. Im vorgeheizten Backofen (E-Herd: 160 °C/ Umluft: 140 °C/Gas: s. Hersteller) ca. 3 ½ Stunden braten, dabei mehrmals mit Bratensaft beträufeln.

4 FÜR DIE SOSSE Gemüsezwiebel schälen und würfeln. Orangen schälen und klein schneiden. Butter in einem kleinen Topf erhitzen. Gemüsezwiebel darin andünsten. Tomatenmark kurz mit anschwitzen. Orangen und Fond zufügen, aufkochen und ca. 10 Minuten köcheln.

5 FÜR DAS GEMÜSE Spitzkohl putzen, waschen, vierteln und in breiten Streifen vom Strunk schneiden. In kochendem Salzwasser ca. 2 Minuten blanchieren. Abgießen, kalt abschrecken und gut abtropfen lassen.

6 Ente aus dem Bräter nehmen und ca. 5 Minuten ruhen lassen. Ofentemperatur hochschalten (E-Herd: 230 °C/Umluft: 210 °C/Gas: s. Hersteller). Ente zerteilen und die Stücke mit der Hautseite nach oben auf ein Backblech legen. Im Ofen ca. 15 Minuten kross braten.

7 Bratensatz entfetten. Orangensud in den Bräter gießen und den Bratensatz damit lösen. Alles durch ein Sieb in einen Topf gießen. Preiselbeeren und Essig einrühren, aufkochen und ca. 5 Minuten köcheln. Stärke und 3 EL Wasser glatt rühren, Soße damit binden. Mit Salz und Pfeffer abschmecken.

8 2 Äpfel schälen, vierteln, entkernen und in Spalten schneiden. Zucker in einer Pfanne karamellisieren. Äpfel und Spitzkohl zufügen. Mit Salz und Pfeffer würzen. Kondensmilch zugießen und 4–5 Minuten köcheln. Alles anrichten. Dazu schmecken Semmelknödel.

ZUBEREITUNGSZEIT ca. 4 ½ Std.
PORTION ca. 1100 kcal
E 101 g · F 44 g · KH 68 g

Zwiebelkuchen ohne Boden

ZUTATEN FÜR CA. 12 STÜCKE

- 500 g Gouda (Stück)
- 1 kg Zwiebeln
- 125 g weiche Butter
- 6 Eier (Gr. M)
- 150 g Mehl
- 250 g magere Schinkenwürfel
- Fett für die Form

1 Käse grob reiben. Zwiebeln schälen und würfeln. Butter mit den Schneebesen des Rührgeräts cremig rühren. 3 Eier einzeln unterrühren. Erst Mehl, dann die restlichen 3 Eier unterrühren. Schinken, Käse und Zwiebeln unter den Teig heben.

2 Zwiebelteig in ein gefettetes Springblech (30 cm Ø) geben. Im vorgeheizten Backofen (E-Herd: 200 °C/Umluft: 180 °C/Gas: s. Hersteller) ca. 50 Minuten goldbraun backen. Heiß oder lauwarm servieren.

ZUBEREITUNGSZEIT ca. 1 ¼ Std.
STÜCK ca. 380 kcal
E 21 g · F 26 g · KH 13 g

WAS IST EIN SPRINGBLECH?

Hierbei handelt es sich um eine große Springform, deren Rand nach oben hin weiter wird. Als Größe wird der Durchmesser vom oberen Rand angegeben. Wer kein Springblech hat, kann den Zwiebelkuchen auch in einer normale Springform (möglichst 28 cm Ø) backen. Er wird dann etwas höher. Die Backzeit verlängert sich um 15–20 Minuten.

Pikante Pilzpastetchen

ZUTATEN FÜR 6 STÜCK

- 200 g Champignons
- 1 Stange Porree
- 1 kleine feste Birne (ca. 125 g; z. B. Conference)
- 80 g geräucherter durchwachsener Speck
- 1 EL Öl
- Salz ♥ Pfeffer
- 1 Packung (270 g) Blätterteig (Kühlregal)
- Mehl zum Ausrollen
- 1 Ei (Gr. M)
- 1 EL Mehl
- 1 EL Milch
- *Backpapier*

1 FÜR DIE FÜLLUNG Pilze putzen, kurz waschen und in Scheiben schneiden. Porree putzen, längs halbieren, waschen und in feine Würfel schneiden. Birne waschen, vierteln, entkernen und klein würfeln. Speck klein würfeln.

2 Öl in einer Pfanne erhitzen. Speck darin knusprig braten, herausnehmen. Pilze im Bratfett ca. 3 Minuten braten. Birne und Porree zugeben und ca. 3 Minuten weiterbraten. Speck unterrühren. Mit Salz und Pfeffer würzen.

3 Aus Backpapier sechs Quadrate (à ca. 15 cm) schneiden und sechs Mulden eines Muffinblechs damit auslegen (Papier am besten mit einem passenden Glas in die Mulden hineindrücken). Blätterteig entrollen. 6 Kreise (à ca. 11 cm Ø) ausschneiden, als Boden in die ausgelegten Mulden legen. Rest Teig aufeinanderlegen und auf etwas Mehl ausrollen. Kleine Sterne, Streifen oder Pastetendeckel (à ca. 7 cm Ø) ausstechen.

4 Ei trennen. Eiweiß verquirlen und in die Pilzfüllung rühren. Mehl kurz unterziehen. Füllung in die Blätterteigböden verteilen. Teigsterne, -streifen oder -deckel auf die Pasteten legen. Eigelb und Milch verquirlen, Teig damit bestreichen. Im vorgeheizten Backofen (E-Herd: 230 °C/Umluft: 210 °C/Gas: s. Hersteller) ca. 15 Minuten backen.

ZUBEREITUNGSZEIT ca. 50 Min.
STÜCK ca. 200 kcal
E 7 g · F 13 g · KH 12 g

Hagebuttensoße zu Hirschmedaillons

ZUTATEN FÜR 4 PERSONEN

- 500 g Hagebutten
- 3–4 Stiele Thymian
- 300 g TK-Prinzessbohnen
- 8 Wildmedaillons (z. B. Hirsch; à ca. 65 g)
- 1–2 EL Öl ♥ Salz ♥ Pfeffer
- 1 Glas (400 ml) Wildfond ♥ Zucker
- 2 EL Butterschmalz
- 500 g frische Schupfnudeln (Kühlregal)
- 1 Zwiebel ♥ 1 EL Butter

1 FÜR DIE SOSSE Hagebutten waschen. Stiele und Blütenansätze entfernen. Hagebutten und ca. 375 ml Wasser aufkochen und zugedeckt ca. 1 Stunde weich garen. Hagebuttenmasse mit einem Kartoffelstampfer zerdrücken und durch ein feines Sieb streichen.

2 Thymian waschen, Blättchen abzupfen. Bohnen waschen und putzen. Medaillons trocken tupfen.

3 FÜR DIE MEDAILLONS Öl in einer Pfanne erhitzen. Medaillons darin pro Seite ca. 3 Minuten braten. Mit Salz und Pfeffer würzen. Warm stellen.

4 Thymian im heißen Bratfett kurz andünsten. Mit Fond ablöschen, Hagebuttenmark unterrühren. Mit Salz, Pfeffer und 1 Prise Zucker würzen. Aufkochen und ca. 4 Minuten einköcheln. Nochmals abschmecken.

5 Bohnen in wenig kochendem Salzwasser zugedeckt ca. 5 Minuten garen.

6 Butterschmalz in einer Pfanne erhitzen. Schupfnudeln darin unter Wenden goldbraun braten. Zwiebel schälen und fein würfeln. Bohnen abtropfen lassen. Butter in dem Topf erhitzen, Zwiebel darin glasig dünsten. Bohnen zufügen und kurz schwenken. Mit Salz und Pfeffer würzen. Alles anrichten.

ZUBEREITUNGSZEIT ca. 2 Std.
PORTION ca. 580 kcal
E 40 g · F 17 g · KH 62 g

SCHNELLE VARIANTE

Statt frischer Hagebutten können Sie für die Soße auch ca. 200 g Hagebuttenmus (z. B. Reformhaus) verwenden. Dann nicht mehr extra süßen.

Wirsing-Lachs-Päckchen

ZUTATEN FÜR 4 PERSONEN

- 1 großer Wirsing ♥ Salz
- 1 Bund Dill
- 500 g Lachsfilet (ohne Haut) ♥ Pfeffer
- 1 kleine Zwiebel
- 2 EL Öl
- 250 ml trockener Weißwein
- 1 TL Gemüsebrühe (instant)
- 150 g Tiefseekrabbenfleisch (Shrimps)
- ½ Würfel (ca. 25 g) Krebssuppen-Paste
- 150 g Schlagsahne
- *Holzspießchen*

1 Vom Wirsing ca. 8 große Blätter ablösen und waschen (Rest Kohl anderweitig verwenden). Blätter in kochendem Salzwasser 3–4 Minuten blanchieren. Abschrecken und trocken tupfen. Dicke Blattrippen flach schneiden.

2 Dill waschen und fein schneiden. Lachs abspülen, trocken tupfen und quer in ca. 8 gleich große Stücke schneiden. Jeweils in die Mitte der Wirsingblätter legen. Mit Salz und Pfeffer würzen, mit Dill bestreuen. Blätter zur Mitte hin einschlagen, aufrollen und feststecken.

3 Zwiebel schälen und fein würfeln. Öl im Bräter erhitzen. Wirsingpäckchen darin rundherum anbraten. Zwiebel kurz mitbraten. Wein und knapp 250 ml Wasser zugießen. Aufkochen, Brühe einrühren und zugedeckt ca. 10 Minuten schmoren.

4 Shrimps abspülen und abtropfen lassen. Wirsingpäckchen warm stellen. Krebssuppen-Paste, Sahne und Shrimps in den Sud rühren, aufkochen und ca. 5 Minuten köcheln. Mit Salz und Pfeffer abschmecken. Alles anrichten. Dazu schmeckt Butterreis.

ZUBEREITUNGSZEIT ca. 1 Std.
PORTION ca. 550 kcal
E 35 g · F 37 g · KH 6 g

Blattsalat mit Karamellquitten und Roquefort

ZUTATEN FÜR 4 PERSONEN

- 3 große Quitten
- 3 EL Zucker
- 1 EL Butter
- 150 ml Apfelsaft
- 2 EL Zitronensaft
- 3 EL Pinienkerne
- 1 kleine Zwiebel
- 3 EL heller Balsamico-Essig
- Salz ♥ Pfeffer
- 4 EL Olivenöl
- 150 g Baby-Salatmix
- 100 g Roquefort

1 Quitten abreiben, waschen, schälen, vierteln, entkernen und in dünne Spalten schneiden. Zucker in einer Pfanne karamellisieren. Butter und Quitten zufügen, darin wenden und mit Apfel- und Zitronensaft ablöschen. Aufkochen und zugedeckt 5–10 Minuten dünsten, bis die Quitten weich sind. Quitten in ein Sieb geben, abtropfen lassen und den Sud dabei auffangen.

2 Pinienkerne in einer beschichteten Pfanne ohne Fett rösten, abkühlen lassen. Zwiebel schälen und fein würfeln. 6 EL Quittensud, Essig, Salz und Pfeffer verrühren. Öl unterschlagen. Zwiebelwürfel unterrühren.

3 Salat putzen, waschen und trocken schleudern. Roquefort zerbröckeln. Eine große Platte am Rand mit Quittenspalten belegen. Salat mit der Hälfte der Vinaigrette mischen und in der Mitte anrichten. Mit Roquefort und Pinienkernen bestreuen. Restliche Vinaigrette darüberträufeln.

ZUBEREITUNGSZEIT ca. 40 Min.
PORTION ca. 400 kcal
E 8 g · F 26 g · KH 29 g

WÜRZIGER KÄSE

Wem Roquefort zu kräftig im Aroma ist, der nimmt einen anderen Edelpilzkäse, z. B. Gorgonzola oder einen Brie mit Blauschimmel.

Mini-Krustenbraten auf Ofenkartoffeln

ZUTATEN FÜR 8–10 PERSONEN

- 2,8 kg ausgelöster Jungschweinerücken mit Schwarte
- 1,75 kg Kartoffeln
- grobes Salz
- 2 EL Olivenöl ♥ Pfeffer
- 1 Bund Petersilie

1 FÜR DIE BRATEN Fleisch abspülen, trocken tupfen. Schwarte mit einem sehr scharfen Messer im Abstand von ca. 1 cm quer und längs einritzen. Fleisch in 8–10 Stücke schneiden.

2 Kartoffeln schälen, waschen und je nach Größe halbieren. Mit 1 TL Salz und Öl mischen. Auf einer Fettpfanne verteilen. Je 1 ½ TL Salz und Pfeffer mischen. Minibraten damit rundherum kräftig einreiben und mit der Fleischseite auf die Kartoffeln setzen. Im vorgeheizten Backofen (E-Herd: 200 °C/Umluft: 180 °C/Gas: s. Hersteller) ca. 2 ¼ Stunden braten.

3 Petersilie waschen, hacken und kurz vor dem Servieren über die Kartoffeln streuen. Dazu schmeckt Krautsalat.

ZUBEREITUNGSZEIT ca. 2 ¾ Std.
PORTION ca. 670 kcal
E 57 g · F 38 g · KH 21 g

KLEINE BRATEN Den eingeritzten Schweinerücken der Länge nach halbieren, in je 4–5 Stücke schneiden.

EIN FEST ZUM ERNTEDANK

GRATINIERTES GEMÜSE
JÄGER-RAHM-KARTOFFELN
KASSELERBRATEN
RÖSTGEMÜSE-CREMESUPPE

Röstgemüse-Cremesuppe

ZUTATEN FÜR 10–12 PERSONEN

- 1 kleiner Hokkaidokürbis (ca. 600 g)
- 1 Bund Suppengrün
- 250 g Kartoffeln
- 2 Zwiebeln ♥ 1 Knoblauchzehe
- 6 EL Olivenöl ♥ 200 ml Weißwein
- 2 EL Gemüsebrühe (instant)
- 1 Päckchen (25 g) Steinpilzpulver oder getrocknete Steinpilze
- 250 g Champignons
- 6 EL Kürbiskerne ♥ Salz ♥ Pfeffer
- 200 g Schlagsahne ♥ 6 EL Kürbiskernöl

1 Kürbis vierteln, entkernen, waschen und grob würfeln. Suppengrün putzen bzw. schälen, waschen und klein schneiden. Kartoffeln schälen, waschen und würfeln. Zwiebeln und Knoblauch schälen. Zwiebeln grob würfeln, Knoblauch hacken.

2 4 EL Öl in einem großen Topf erhitzen. Vorbereitete Zutaten darin ca. 10 Minuten rösten. Alles mit Wein und 2 l Wasser ablöschen, aufkochen. Brühe und Steinpilzpulver einrühren und zugedeckt ca. 20 Minuten köcheln.

3 Inzwischen Pilze putzen, kurz waschen und in Scheiben schneiden. Kürbiskerne in einer Pfanne ohne Fett rösten, herausnehmen. 2 EL Öl in der Pfanne erhitzen. Pilze darin goldbraun braten. Mit Salz und Pfeffer würzen, herausnehmen.

4 Suppe fein pürieren und mit Sahne verfeinern. Mit Salz und Pfeffer abschmecken. Suppe mit Champignons, Kürbiskernen und Kernöl anrichten.

ZUBEREITUNGSZEIT ca. 1 Std.
PORTION ca. 200 kcal
E 4 g · F 16 g · KH 7 g

GOLDBRAUN RÖSTEN
Pilzscheiben kräftig braten, bis die gesamte Flüssigkeit verdampft ist. Das kann bis zu 10 Minuten dauern.

Schinken-Käse-Stangen mit Mohn

ZUTATEN FÜR 24 STÜCK

__6 rechteckige Scheiben (450 g) TK-Blätterteig__ nebeneinander auftauen lassen. Blätterteigscheiben mit __je 1 großen Scheibe rohem Schinken (z. B. Schwarzwälder)__ belegen. __150 g geriebenen Gouda__ darauf verteilen. Jede Teigscheibe der Länge nach in 4 Streifen schneiden. Teigstreifen an einem Ende festhalten, zur Kordel drehen und dabei etwas in die Länge ziehen. Stangen auf zwei mit __Backpapier__ ausgelegte Backbleche verteilen. __1 Eigelb__ und __2 EL Milch__ verquirlen. Stangen damit einstreichen und mit __3 EL Mohn__ bestreuen. Blechweise im vorgeheizten Backofen (E-Herd: 230 °C/Umluft: 210 °C/Gas: s. Hersteller) ca. 6 Minuten goldbraun backen.

ZUBEREITUNGSZEIT ca. 40 Min.

Maissalat mit Bacon

ZUTATEN FÜR 10–12 PERSONEN

- 5 frische Maiskolben
- 2 EL Zucker
- 100 g Frühstücksspeck (Bacon)
- 2 rote Paprikaschoten
- 3 Mini-Römersalate
- 6 EL Weißweinessig
- Salz ♥ Pfeffer
- 1 EL mittelscharfer Senf
- 6 EL Öl ♥ 1 Zwiebel
- *Küchenpapier*

1 Maiskolben putzen, waschen und in kochendem Wasser mit Zucker zugedeckt ca. 20 Minuten garen. Herausheben und auskühlen lassen. Speck in Streifen schneiden und in einer Pfanne ohne Fett knusprig braten. Auf Küchenpapier abtropfen lassen.

2 Paprika putzen, waschen und fein würfeln. Salat putzen, waschen und in Streifen schneiden. Essig, Salz, Pfeffer und Senf verrühren. Öl unterschlagen. Zwiebel schälen, in feine Würfel schneiden und unter die Vinaigrette rühren. Maiskörner von den Kolben schneiden. Vorbereitete Salatzutaten mit der Vinaigrette mischen.

ZUBEREITUNGSZEIT ca. 40 Min. + Wartezeit ca. 1 Std.
PORTION ca. 150 kcal
E 4 g · F 9 g · KH 13 g

SAUBERE SACHE Maiskolben auf den Kamin einer Gugelhupfform stellen und Körner rundherum herunterschneiden, dabei werden sie in der Form aufgefangen.

Kasselerbraten mit Preiselbeer-Senf

ZUTATEN FÜR 10–12 PERSONEN
- 3 kg ausgelöster magerer Kasselernacken
- 1 Zwiebel ♥ 8 Stiele Thymian
- 4 EL Aprikosenkonfitüre
- 4 EL Öl ♥ Pfeffer
- 100 g mittelscharfer Senf
- 100 g Wildpreiselbeeren (Glas)
- *Alufolie*

1 Fleisch abspülen, trocken tupfen und auf eine Fettpfanne setzen. Im vorgeheizten Backofen (E-Herd: 180 °C/Umluft: 160 °C/Gas: s. Hersteller) zunächst ca. 1 ¾ Stunden braten.

2 Zwiebel schälen und fein würfeln. Thymian waschen und Blättchen abzupfen. Zwiebel, Thymian, Konfitüre und Öl verrühren. Mit Pfeffer würzen. Braten mit Hälfte der Würzpaste bestreichen und ca. 45 Minuten weitergaren. Nach ca. 20 Minuten restliche Würzpaste daraufstreichen und zu Ende garen. Braten herausnehmen, in Alufolie wickeln und ruhen lassen.

3 Senf und Preiselbeeren verrühren. Braten anrichten. Preiselbeer-Senf dazu reichen.

ZUBEREITUNGSZEIT ca. 2 ½ Std.
PORTION ca. 630 kcal
E 42 g · F 31 g · KH 5 g

Jäger-Rahm-Kartoffeln

ZUTATEN FÜR 10–12 PERSONEN
- 2,5 kg kleine Kartoffeln
- 500 g Champignons
- 3 Zwiebeln
- 3 EL Öl ♥ Salz ♥ Pfeffer
- 2 EL Mehl
- 200 g Schlagsahne
- 2 TL Gemüsebrühe (instant)
- 1 Bund Petersilie

1 Kartoffeln waschen und in Wasser ca. 20 Minuten kochen. Inzwischen Champignons putzen, kurz waschen und in Scheiben schneiden. Zwiebeln schälen und fein würfeln.

2 Öl in einem großen Bräter erhitzen. Zwiebeln und Champignons darin ca. 10 Minuten braten. Mit Salz und Pfeffer würzen. Mit Mehl bestäuben und kurz anschwitzen. Mit Sahne und 250 ml Wasser ablöschen, aufkochen. Gemüsebrühe einrühren und ca. 5 Minuten köcheln. Warm stellen.

3 Petersilie waschen und hacken. Kartoffeln abgießen, abschrecken und schälen. Kartoffeln und Petersilie mit der Soße mischen und erhitzen. Mit Salz und Pfeffer abschmecken.

ZUBEREITUNGSZEIT ca. 1 Std.
PORTION ca. 210 kcal
E 6 g · F 5 g · KH 34 g

Gebeizte Putenbrust

ZUTATEN FÜR 10–12 PERSONEN
- 1 Knoblauchzehe ♥ 4 Stiele Majoran
- 4 EL heller Balsamico-Essig
- 2 EL mittelscharfer Senf
- 1 EL Edelsüßpaprika ♥ Pfeffer
- 4 EL Öl
- 3 kg Putenbrust
- 2 Zwiebeln ♥ Salz
- 2 EL Gemüsebrühe (instant)
- 1 EL Speisestärke ♥ Zucker
- *Frischhaltefolie* ♥ *Alufolie*

1 AM VORTAG Knoblauch schälen und fein hacken. Majoran waschen und hacken. Beides mit Essig, Senf, Paprika, 1 TL Pfeffer und Öl verrühren. Fleisch abspülen, trocken tupfen und mit der Marinade einstreichen. In Folie wickeln und über Nacht kalt stellen.

2 AM NÄCHSTEN TAG Zwiebeln schälen und vierteln. Fleisch mit Salz würzen, mit Zwiebeln auf die Fettpfanne setzen. Im vorgeheizten Backofen (E-Herd: 180 °C/Umluft: 160 °C/Gas: s. Hersteller) ca. 1 ¾–2 Stunden braten. Brühe in 1 l heißem Wasser auflösen, nach ca. 45 Minuten um den Braten gießen.

3 Braten herausnehmen, in Alufolie wickeln und ruhen lassen. Bratfond durch ein Sieb in einen Topf gießen und evtl. mit Wasser auf ca. 1 l auffüllen. Stärke und 4 EL Wasser verrühren. Fond aufkochen, angerührte Stärke einrühren und ca. 3 Minuten köcheln. Soße mit Salz, Pfeffer und 1 Prise Zucker abschmecken. Braten aufschneiden und mit etwas Soße anrichten. Übrige Soße dazu reichen.

ZUBEREITUNGSZEIT ca. 2 ¾ Std. +
Wartezeit ca. 12 Std.
PORTION ca. 330 kcal
E 62 g · F 6 g · KH 1 g

Gratiniertes Gemüse mit Nussbutter

ZUTATEN FÜR 10–12 PERSONEN
- 750 g grüne Bohnen
- 600 g Bundmöhren
- 2 Bund Lauchzwiebeln
- 500 g Rote Beten (gegart, vakuumverpackt)
- Salz ♥ Pfeffer ♥ 6 EL Butter
- 100 g Haselnussblättchen

1 Bohnen putzen, waschen, halbieren. Möhren schälen, dabei etwas Grün stehen lassen, waschen. Lauchzwiebeln putzen, waschen. Möhren und Lauchzwiebeln längs halbieren. Rote Beten in Spalten schneiden (Vorsicht, färben stark! Einmalhandschuhe tragen).

2 Bohnen in Salzwasser ca. 8 Minuten kochen. Möhren und Lauchzwiebeln in kochendem Salzwasser ca. 4 Minuten garen. Alles abgießen und mit Roten Beten auf einem Backblech mischen. Mit Salz und Pfeffer würzen.

3 Butter in einer Pfanne erhitzen. Nüsse darin kurz rösten, über das Gemüse gießen. Im vorgeheizten Ofen (E-Herd: 230 °C/Umluft: 210 °C/Gas: s. Hersteller) ca. 10 Minuten gratinieren.

ZUBEREITUNGSZEIT ca. 1 Std.
PORTION ca. 140 kcal
E 4 g · F 10 g · KH 10 g

Kürbis-Schoko-Kuchen

ZUTATEN FÜR CA. 20 STÜCKE

- 300 g Hokkaidokürbis ♥ 1 Apfel
- 250 g weiche Butter ♥ 250 g Zucker
- 1 Päckchen Vanillezucker ♥ Salz
- 6 Eier (Gr. M)
- 250 g Mehl ♥ 1 Päckchen Backpulver
- 200 g gemahlene Mandeln ohne Haut
- Fett und Mehl für die Fettpfanne
- 400 g Marzipanrohmasse
- gelbe und rote Lebensmittelfarbe
- ca. 20 Pistazienkerne
- 200 g Zartbitterschokolade
- 200 g Schlagsahne
- 25 g Kokosfett (z. B. Palmin)

1 FÜR DEN TEIG Kürbis entkernen, waschen und fein raspeln. Apfel waschen, ums Kerngehäuse herum fein raspeln.

2 Butter, Zucker, Vanillezucker und 1 Prise Salz mit den Schneebesen des Rührgeräts cremig rühren. Eier einzeln unterrühren. Mehl, Backpulver und Mandeln mischen und unterrühren. Kürbis und Apfel ebenfalls unterrühren. Teig in eine gefettete und mit Mehl ausgestäubte Fettpfanne (ca. 32 x 39 cm) streichen. Im vorgeheizten Backofen (E-Herd: 200 °C/Umluft: 180 °C/Gas: s. Hersteller) 25–30 Minuten backen. Auskühlen lassen.

3 FÜR DIE VERZIERUNG Marzipan mit Lebensmittelfarbe verkneten und orange färben. Aus dem Marzipan ca. 20 Kugeln formen. Kugeln etwas flacher drücken und rundherum mit einem Messerrücken mehrmals einkerben. Mit Pistazien als Stielansatz verzieren.

4 Schokolade in Stücke teilen. Mit Sahne und Kokosfett im heißen Wasserbad schmelzen. Schokoguss auf den Kuchen streichen und mindestens 2 Stunden kühl stellen. Kuchen mit Kürbissen verzieren.

ZUBEREITUNGSZEIT ca. 1 ¼ Std. + Wartezeit mind. 2 Std.
STÜCK ca. 490 kcal
E 9 g · F 32 g · KH 37 g

STRESSFREI VORBEREITEN
Die Marzipankürbisse am Vortag formen und mit Folie bedeckt an einem kühlen Ort, aber nicht im Kühlschrank lagern.

Apfel-Quitten-Bowle

ZUTATEN FÜR CA. 2,5 L

AM VORTAG **2 säuerliche Äpfel (z. B. Cox Orange)** waschen, vierteln, entkernen, fein würfeln. Mit **250 ml Apfelkorn** mischen. Zugedeckt über Nacht kalt stellen.

AM NÄCHSTEN TAG kurz vorm Servieren Apfelstücke samt Flüssigkeit, **500 ml Quittenlikör (oder Pfirsichlikör)**, **1 l gekühlten Cidre** und **700 ml gekühltes Mineralwasser mit Kohlensäure** in einem Bowlegefäß mischen.

ZUBEREITUNGSZEIT ca. 15 Min. + Wartezeit ca. 12 Std.

Zwetschenkuchen mit Walnusskrokant

ZUTATEN FÜR CA. 24 STÜCKE
- 75 g Butter ♥ 200 ml Milch
- 1 Würfel (42 g) Hefe ♥ 500 g Mehl
- 75 g + 200 g Zucker ♥ Salz ♥ 1 Ei (Gr. M)
- 1,2 kg Zwetschen/Pflaumen
- Mehl für die Arbeitsfläche
- Fett und Mehl für die Fettpfanne
- 200 g Walnusskerne

1 FÜR DEN HEFETEIG Butter schmelzen. Milch in einem kleinen Topf erwärmen. Hefe hineinbröckeln und auflösen. Mehl, 75 g Zucker und 1 Prise Salz in einer Rührschüssel mischen. Ei, flüssige Butter und Hefemilch dazugeben und mit den Knethaken des Rührgeräts zu einem glatten Teig verkneten. Zugedeckt an einem warmen Ort ca. 1 Stunde gehen lassen.

2 Zwetschen waschen, halbieren und entsteinen. Teig auf etwas Mehl in Größe der Fettpfanne des Backofens (ca. 32 x 39 cm) ausrollen. In die gefettete und mit Mehl ausgestäubte Fettpfanne legen. Zwetschen dachziegelartig darauf verteilen. Nochmals ca. 30 Minuten gehen lassen.

3 Kuchen im vorgeheizten Backofen (E-Herd: 200 °C/Umluft: 180 °C/Gas: s. Hersteller) auf der mittleren Schiene ca. 25 Minuten backen.

4 FÜR DEN KROKANT 200 g Zucker und 2 EL Wasser in einer Pfanne aufkochen und karamellisieren. Walnüsse darin wenden. Auf dem heißen Kuchen verteilen. Auskühlen lassen. Dazu schmeckt Schlagsahne.

ZUBEREITUNGSZEIT ca. 1 Std. + Wartezeit ca. 1 ½ Std.
STÜCK ca. 200 kcal
E 3 g · F 6 g · KH 33 g

Lässt sich ohne Krokant gut einfrieren

Birnen-Johannisbeer-Kastenkuchen

ZUTATEN FÜR CA. 15 SCHEIBEN

- 50 g eingelegter Ingwer (Glas)
- 150 g Schwarze Johannisbeeren
- 400 g Birnen
- 2 EL Zitronensaft
- 150 g weiche Butter
- 150 g Zucker ♥ Salz
- 3 Eier (Gr. M)
- 350 g Mehl
- 2 TL Backpulver
- Fett und Mehl für die Form
- Puderzucker zum Bestäuben

1 Ingwer abtropfen lassen und in feine Streifen schneiden. Johannisbeeren waschen und von den Rispen streifen. Birnen waschen, schälen, vierteln und entkernen. Fruchtfleisch würfeln und mit Zitronensaft beträufeln.

2 FÜR DEN TEIG Butter, Zucker und 1 Prise Salz mit den Schneebesen des Rührgeräts cremig rühren. Eier einzeln unterrühren. Mehl und Backpulver mischen und löffelweise unter die Buttermischung rühren. Ingwer, Johannisbeeren und Birnen unterheben.

3 Teig in eine gefettete und mit Mehl ausgestäubte Kastenform (ca. 30 cm lang) geben und glatt streichen. Im vorgeheizten Backofen (E-Herd: 180 °C/Umluft: 160 °C/Gas: s. Hersteller) ca. 1 Stunde backen. Kuchen ca. 10 Minuten in der Form ruhen lassen, dann aus der Form auf ein Kuchengitter stürzen und vollständig auskühlen lassen. Mit Puderzucker bestäuben.

ZUBEREITUNGSZEIT ca. 1 ½ Std. + Wartezeit ca. 1 Std.
STÜCK ca. 240 kcal
E 4 g · F 10 g · KH 34 g

INGWER

Falls Sie keinen eingelegten Ingwer bekommen, können Sie stattdessen auch kandierte Ingwerstangen ohne Schokoladenüberzug nehmen.

Lässt sich gut einfrieren

Verdrehter Nussnougatkranz

ZUTATEN FÜR CA. 12 STÜCKE

- 400 g Mehl
- 1 Päckchen Backpulver
- 100 g Zucker
- 1 Päckchen Vanillezucker ♥ Salz
- 200 g Magerquark
- 1 Ei (Gr. M)
- 8 EL geschmacksneutrales Öl (z. B. Sonnenblumenöl)
- 4 EL Milch
- Mehl für die Arbeitsfläche
- 300 g Nussnougatcreme
- 150 g Mandelkerne (mit Haut)
- 2 EL Butter
- *Backpapier*

1 FÜR DEN TEIG Mehl, Backpulver, Zucker, Vanillezucker und 1 Prise Salz in einer Rührschüssel mischen. Quark, Ei, Öl und Milch zufügen und alles mit den Knethaken des Rührgeräts zu einem glatten Teig verkneten.

2 Den Teig auf etwas Mehl rechteckig (ca. 44 x 55 cm) ausrollen. Nougatcreme darauf verstreichen, dabei rundherum ca. 2 cm Rand frei lassen. Mandeln fein hacken und daraufstreuen. Teig von der Längsseite her aufrollen.

3 Teigrolle vorsichtig auf ein mit Backpapier ausgelegtes Backblech legen. Mittig längs durchschneiden, dabei an einem Ende nicht ganz durchschneiden, etwa 3 cm stehen lassen. Vom geschlossenen Ende die Teigstränge wie eine Kordel verdrehen. Auf dem Blech zu einem Kranz zusammenlegen und die Enden dabei zusammendrücken.

4 Ein ofenfestes Glas in die Kranzmitte stellen. Butter schmelzen und den Kranz damit bestreichen. Im vorgeheizten Backofen (E-Herd: 180 °C/Umluft: 160 °C/Gas: s. Hersteller) ca. 35 Minuten goldbraun backen. Evtl. in den letzten 10 Minuten der Backzeit mit Backpapier abdecken. Auskühlen lassen.

ZUBEREITUNGSZEIT ca. 1 Std.
STÜCK ca. 460 kcal
E 10 g · F 24 g · KH 48 g

FORMSTABIL

Das ofenfeste Glas in der Mitte stellt sicher, dass der Kranz rund bleibt, wenn er beim Backen aufgeht.

Apfel-Zimt-Schnecken

ZUTATEN FÜR CA. 24 STÜCK

- 250 g Kartoffeln
- 125 g + 150 g + 75 g weiche Butter
- 2 Eier (Gr. M) ♥ 200 ml Milch
- 250 g Buttermilch ♥ 1 Würfel (42 g) Hefe
- 1 kg Mehl
- 75 g + 200 g + 1 EL Zucker ♥ 1 TL Salz
- Mehl für die Arbeitsfläche ♥ 5 TL Zimt
- 1 kg Äpfel (z. B. Cox Orange)
- Saft von 1 Zitrone ♥ Fett für die Form

1 FÜR DEN TEIG Kartoffeln waschen, ca. 20 Minuten kochen. Abgießen und pellen. 125 g Butter zufügen und zerdrücken. Eier, Milch, Buttermilch und zerbröckelte Hefe zufügen, verrühren.

2 Mehl, 75 g Zucker und Salz zur Kartoffelmasse geben. Mit den Knethaken des Rührgeräts verkneten, dann mit den Händen auf etwas Mehl ca. 5 Minuten durchkneten. Zugedeckt an einem warmen Ort ca. 1 Stunde gehen lassen.

3 150 g Butter schmelzen. 4 TL Zimt und 200 g Zucker einrühren. 75 g weiche Butter mit 1 TL Zimt und 1 EL Zucker verkneten. Äpfel schälen, vierteln, entkernen und in dünne Scheiben schneiden. Mit Zitronensaft beträufeln.

4 Teig halbieren. Hälfte auf etwas Mehl durchkneten und rechteckig (ca. 30 x 45 cm) ausrollen. Mit Hälfte flüssiger Zimtbutter bestreichen, dabei ca. 1 cm Rand lassen. Hälfte Äpfel darauflegen. Teig von der kurzen Seite aufrollen, in 12 Scheiben schneiden, in eine gefettete Fettpfanne (ca. 32 x 39 cm) legen. Rest Teig, flüssige Zimtbutter und Äpfel ebenso verarbeiten.

5 Weiche Zimtbutter in Stückchen auf den Schnecken verteilen. Schnecken ca. 15 Minuten gehen lassen. Im vorgeheizten Backofen (E-Herd: 200 °C/ Umluft: 180 °C/Gas: s. Hersteller) ca. 30 Minuten backen. Auskühlen lassen.

ZUBEREITUNGSZEIT ca. 1 ½ Std. + Gehzeit ca. 1 Std.
STÜCK ca. 360 kcal · E 6 g · F 15 g · KH 49 g

Lassen sich gut einfrieren

Dazu schmeckt Karamellsoße

400 g Zucker in einer Pfanne karamellisieren. **200 g Butter** in Stückchen mit einem Schneebesen einrühren und schmelzen. Topf vom Herd nehmen. **250 g Schlagsahne** langsam einrühren. Soße kurz aufkochen. Auskühlen lassen.

Birnen-Quark-Gratin

ZUTATEN FÜR 4 PERSONEN

- 2 EL Mandelblättchen
- 2 Birnen (z. B. Williams Christ)
- 1 Ei (Gr. M)
- 250 g Sahnequark
- 2 EL + 4 TL Puderzucker
- 1 Päckchen Vanillezucker

1 Mandeln in einer Pfanne ohne Fett goldbraun rösten, herausnehmen. Birnen waschen, schälen, halbieren, entkernen und der Länge nach mehrmals fächerförmig so einschneiden, dass die Hälften am Stielansatz noch zusammenhalten.

2 Ei trennen und das Eiweiß steif schlagen. Quark, Eigelb, 2 EL Puderzucker und Vanillezucker glatt rühren. Den Eischnee unterheben.

3 Creme in vier ofenfeste Förmchen (à ca. 15 cm Ø; 200 ml Inhalt) füllen und je 1 Birnenfächer in die Mitte legen. Creme mit je 1 TL Puderzucker bestäuben. Unter dem Backofengrill 3–4 Minuten goldbraun gratinieren. Birnengratin mit Mandelblättchen bestreut anrichten.

ZUBEREITUNGSZEIT ca. 20 Min.
PORTION ca. 190 kcal
E 12 g · F 5 g · KH 22 g

VOLLES AROMA

Für dieses Dessert sollten die Birnen reif, weich und saftig sein. Dann zergehen die Früchte in der süßen Quarkcreme auf der Zunge.

Marzipanzipfel auf Pflaumen-Birnen-Kompott

ZUTATEN FÜR 6–8 PERSONEN

- 400 g frische oder
  1 Glas (720 ml) Pflaumen
- 3 reife Birnen (ca. 600 g)
- 1 Päckchen Vanillepuddingpulver
- 2 EL Zucker
- evtl. 350 ml Pflaumennektar
- 1 TL Zimt
- 600 g kalte Marzipanrohmasse
- 2 Eier + 3 Eigelb (Gr. M)
- 2 EL Mandelblättchen

1 FÜR DAS KOMPOTT frische Pflaumen waschen, halbieren und entsteinen. Pflaumen aus dem Glas abtropfen lassen, Saft dabei auffangen. Birnen schälen, vierteln, entkernen und klein schneiden.

2 Puddingpulver, Zucker und 100 ml Wasser glatt rühren. Aufgefangenen Pflaumensaft bzw. Pflaumennektar und ½ TL Zimt aufkochen. Angerührtes Puddingpulver einrühren. Erneut aufkochen und unter Rühren ca. 1 Minute köcheln. Früchte zufügen. Alles in einer großen Auflaufform verteilen.

3 FÜR DIE MAKRONENMASSE Marzipan grob raspeln. ½ TL Zimt zufügen. 2 Eier und 2 Eigelb einzeln unterrühren. In einen Spritzbeutel mit großer Lochtülle füllen.

4 Makronenmasse in Tupfen auf das Kompott spritzen. 1 Eigelb verquirlen und Tupfen damit bestreichen. Mandelblättchen darüberstreuen.

5 Im vorgeheizten Backofen (E-Herd: 200 °C/Umluft: 180 °C/Gas: s. Hersteller) ca. 10 Minuten backen. Dazu schmeckt Schlagsahne.

ZUBEREITUNGSZEIT ca. 45 Min.
PORTION ca. 480 kcal
E 11 g · F 27 g · KH 45 g

LEICHTER RASPELN
Legen Sie das Marzipan vorher für mehrere Stunden in den Kühlschrank oder frieren Sie es für ca. 30 Minuten ein.

Gedeckter Apfel-Butterkuchen

ZUTATEN FÜR CA. 18 STÜCKE

- 1 kg Äpfel (z. B. Elstar)
- 150 ml + 5 EL Apfelsaft
- 1 Päckchen Vanillepuddingpulver
- 6 EL + 75 g Zucker
- 5 EL + 150 ml + 200 ml Milch
- 100 g Crème fraîche
- 450 g Mehl
- 1 Würfel (42 g) Hefe
- 100 g + 100 g weiche Butter
- 1 Ei (Gr. M) ♥ Salz
- Mehl für die Arbeitsfläche und die Hände
- Fett für die Form
- 75 g Mandelblättchen
- *Frischhaltefolie*
- *evtl. Alufolie*

1 FÜR DIE FÜLLUNG Äpfel waschen, schälen, vierteln, entkernen und in Stücke schneiden. 150 ml Saft und Äpfel zugedeckt aufkochen, ca. 5 Minuten köcheln. 5 EL Apfelsaft, ½ Päckchen Puddingpulver und 2 EL Zucker verrühren. In das Kompott rühren, ca. 1 Minute köcheln. In eine Schüssel füllen und abkühlen lassen.

2 ½ Päckchen Puddingpulver, 1 EL Zucker und 5 EL Milch glatt rühren. 150 ml Milch aufkochen, Puddingpulver einrühren und unter Rühren ca. 1 Minute köcheln. In eine Schüssel füllen und Crème fraîche unterrühren. Direkt an der Oberfläche mit Frischhaltefolie abdecken, abkühlen lassen.

3 FÜR DEN HEFETEIG Mehl in eine Schüssel füllen und eine Mulde hineindrücken. 200 ml Milch erwärmen, Hefe hineinbröckeln und auflösen. Mit 3 EL Zucker, 100 g Butter in Stückchen, Ei und 1 Prise Salz zum Mehl geben. Alles mit den Knethaken des Rührgeräts zum glatten Teig verkneten. Zugedeckt ca. 45 Minuten gehen lassen, bis sich das Volumen verdoppelt hat.

4 Teig nochmals durchkneten. Ca. die Hälfte Teig auf einer bemehlten Arbeitsfläche rund (ca. 32 cm Ø) ausrollen. Boden eines gefetteten Springblechs (ca. 30 cm Ø) damit auslegen, Rand etwas hochziehen. Apfelfüllung auf dem Teig verteilen. Übrigen Teig genauso ausrollen. Auf das Kompott legen und Teigränder andrücken. Zugedeckt weitere ca. 15 Minuten gehen lassen.

5 Pudding glatt rühren. In den Teigdeckel dicht an dicht kleine Mulden drücken. 100 g Butter in Stückchen und Pudding abwechselnd in die Mulden verteilen. Mit Mandeln und 75 g Zucker bestreuen. Im vorgeheizten Backofen (E-Herd: 200 °C/Umluft: 180 °C/Gas: s. Hersteller) 30–35 Minuten auf der unteren Schiene backen. Evtl. in den letzten 10 Minuten mit Alufolie abdecken. Auskühlen lassen. Dazu schmeckt Schlagsahne.

ZUBEREITUNGSZEIT ca. 1 ½ Std. + Gehzeit ca. 1 Std.
STÜCK ca. 300 kcal
E 5 g · F 15 g · KH 37 g

Lässt sich gut einfrieren

Brombeer-Apfel-Kuchen

ZUTATEN FÜR CA. 12 STÜCKE

- 200 g weiche + 2 EL Butter
- 200 g brauner Zucker
- Salz
- 4 Eier (Gr. M)
- 200 g Mehl
- 2 TL Backpulver
- 50 g gemahlene Mandeln (ohne Haut)
- Fett und Mehl für die Form
- 250 g Brombeeren
- 4 Äpfel (ca. 500 g; z. B. Elstar)
- 2 EL Zucker
- ½ TL Zimt

1 200 g weiche Butter, Zucker und 1 Prise Salz mit den Schneebesen des Rührgeräts cremig rühren. Eier einzeln unterrühren. 200 g Mehl, Backpulver und Mandeln mischen, kurz unter die Masse rühren. Teig in eine gefettete, mit Mehl ausgestäubte Springform (24 cm Ø) streichen.

2 Brombeeren verlesen und evtl. waschen. Äpfel schälen, vierteln, entkernen und in dünne Spalten schneiden. Apfelspalten auf den Teig legen. Beeren darüberstreuen. Früchte leicht in den Teig drücken. 2 EL Butter schmelzen. Zucker und Zimt mischen. Über die Früchte streuen und mit der flüssigen Butter beträufeln.

3 Kuchen im vorgeheizten Backofen (E-Herd: 180 °C/Umluft: 160 °C/Gas: s. Hersteller) ca. 50 Minuten backen (Stäbchenprobe!). Zunächst ca. 30 Minuten in der Form abkühlen lassen, dann vorsichtig aus der Form lösen und vollständig auskühlen lassen.

ZUBEREITUNGSZEIT ca. 1 ½ Std.
STÜCK ca. 350 kcal
E 5 g · F 21 g · KH 36 g

Lässt sich gut einfrieren

Walnuss-Vanillecreme-Torte

ZUTATEN FÜR CA. 16 STÜCKE

- 1 Päckchen Vanillepuddingpulver
- 75 g + 250 g Zucker
- 100 ml + 350 ml + 75 ml Milch
- 275 g Walnusskerne
- 4 Eier (Gr. M) ♥ Salz
- 125 g weiche Butter
- 125 g Mehl ♥ 2 gehäufte TL Backpulver
- 1 Dose (425 ml) Aprikosen
- 200 g + 400 g Schlagsahne
- 1 Päckchen Sahnefestiger
- 50 g weiße Baiser
- *Frischhaltefolie* ♥ *Backpapier*

1 FÜR DIE CREME Puddingpulver, 75 g Zucker und 100 ml Milch glatt rühren. 350 ml Milch aufkochen. Puddingpulver einrühren. Unter Rühren aufkochen und ca. 1 Minute köcheln. Pudding in eine Schüssel füllen. Direkt mit Folie abdecken, auskühlen lassen.

2 FÜR DEN BODEN Walnüsse im Universalzerkleinerer mahlen (75 g für den Rand beiseitestellen). Eier trennen. Eiweiß und 1 Prise Salz steif schlagen. 125 g Butter und 250 g Zucker cremig rühren. 4 Eigelb einzeln unterrühren. Mehl, Backpulver und 200 g gemahlene Nüsse mischen, mit 75 ml Milch unterrühren. Eischnee unterheben. Teig in eine mit Backpapier ausgelegte Springform (26 cm Ø) füllen. Im vorgeheizten Backofen (E-Herd: 180 °C/Umluft: 160 °C/Gas: s. Hersteller) ca. 45 Minuten backen (Stäbchenprobe). Auskühlen lassen.

3 Boden 2 x waagerecht durchschneiden. Um unteren Boden einen Tortenring stellen. Aprikosen abtropfen lassen. 200 g Sahne steif schlagen, dabei Sahnefestiger einrieseln lassen. Pudding glatt rühren, Sahne unterheben. Hälfte Creme auf unterem Boden verstreichen. Aprikosen darauf verteilen, dabei einen ca. 2 cm breiten Rand frei lassen. Mittleren Boden darauflegen. Rest Vanillecreme darauf verteilen. Baiser grob zerbröseln und daraufstreuen. Mit oberem Boden abdecken. Ca. 2 Stunden kalt stellen.

4 400 g Sahne steif schlagen. Torte aus dem Ring lösen. Mit gut der Hälfte Sahne rundherum einstreichen. Rest gemahlene Nüsse an den Tortenrand drücken. Übrige Sahne in einen Spritzbeutel mit großer Sterntülle geben und 16 Tuffs auf die Torte spritzen. Sahnetuffs mit z. B. Karamellnüssen und Karamellsplittern verzieren.

ZUBEREITUNGSZEIT ca. 1 ¾ Std. + Wartezeit ca. 4 Std.
STÜCK ca. 540 kcal · E 8 g · F 36 g · KH 45 g

Karamellnüsse und -splitter

Von **100 g Walnüssen** 16 Hälften beiseitelegen. Rest Nüsse hacken. **100 g Zucker** in einer Pfanne goldgelb karamellisieren. Nüsse nacheinander mit einer Gabel durch den Karamell ziehen. Vom Herd ziehen. Auf mit **Öl** bestrichene **Alufolie** setzen. Gehackte Nüsse in den übrigen Karamell rühren (wenn der Karamell zu fest ist, bei schwacher Hitze erneut erwärmen). Nusskaramell ebenfalls auf geölter **Alufolie** erstarren lassen. In Stücke teilen.

Preiselbeertorte

ZUTATEN FÜR CA. 16 STÜCKE
- 1 Päckchen Vanillepuddingpulver
- 100 g + 150 g + 4 EL Zucker
- 100 ml + 400 ml Milch ♥ 6 Eier (Gr. M) ♥ Salz
- 175 g Mehl ♥ 3 TL Backpulver
- 250 g weiche + 1 EL Butter
- 100 ml Rhabarbernektar ♥ 3 EL Kirschwasser
- 1 Glas (400 g) Wildpreiselbeeren
- 150 g gehackte Mandeln
- *Frischhaltefolie ♥ Backpapier*

1 FÜR DIE BUTTERCREME Puddingpulver, 100 g Zucker und 100 ml Milch glatt rühren. 400 ml Milch aufkochen, Puddingpulver einrühren, ca. 1 Minute köcheln. Pudding in eine Schüssel füllen, mit Folie abdecken, auf Zimmertemperatur abkühlen lassen.

2 FÜR DEN TEIG Springform (26 cm Ø) am Boden mit Backpapier auslegen. Eier trennen. Eiweiß steif schlagen, dabei 1 Prise Salz und 150 g Zucker einrieseln lassen. Eigelb unterrühren. Mehl und Backpulver mischen, unterheben. Masse in die Form streichen. Im vorgeheizten Ofen (E-Herd: 180 °C/ Umluft: 160 °C/Gas: s. Hersteller) ca. 30 Minuten backen. Auskühlen lassen.

3 250 g Butter mit den Schneebesen des Rührgeräts ca. 15 Minuten weißcremig rühren. Pudding löffelweise unterrühren. Nektar und Kirschwasser verrühren.

4 Boden zweimal waagerecht durchschneiden. Um den unteren Boden einen Tortenring stellen. Boden mit ca. 4 EL Nektar beträufeln. Preiselbeeren, bis auf ca. 2 EL, daraufstreichen. Mittleren Boden darauflegen, mit 4 EL Nektar beträufeln. Mit ca. ¼ Buttercreme bestreichen. Oberen Boden auflegen, mit Rest Nektar beträufeln. Torte ca. 1 Stunde kalt stellen. Rest Creme kühl stellen.

5 FÜR DEN KROKANT 1 EL Butter in einer Pfanne erhitzen. Mandeln darin rösten. Mit 4 EL Zucker bestreuen und karamellisieren. Auf Backpapier auskühlen lassen und fein zerbröseln.

6 Etwas Creme in einen Spritzbeutel mit Lochtülle füllen. Torte mit Rest Creme einstreichen. Torte mit Krokant, Cremetuffs und Preiselbeeren verzieren. Ca. 2 Stunden kalt stellen.

ZUBEREITUNGSZEIT ca. 1 ½ Std. + Wartezeit ca. 4 Std.
STÜCK ca. 440 kcal · E 7 g · F 22 g · KH 48 g

Holunderbeersuppe mit Grießklößchen

ZUTATEN FÜR 4 PERSONEN

- ♥ 1 kg Holunderbeeren
- ♥ 2 kleine Zimtstangen
- ♥ 2 Gewürznelken
- ♥ 1 Stück Schale und Saft von 1 Bio-Zitrone
- ♥ ca. 500 ml Apfelsaft
- ♥ 250 ml Milch ♥ 2 EL Butter
- ♥ 7–8 EL Zucker ♥ 125 g Weichweizengrieß
- ♥ 2 Eier (Gr. M) ♥ Salz
- ♥ 1 Apfel (z. B. Elstar)
- ♥ 2 EL Speisestärke

1 FÜR DIE SUPPE Holunderbeeren waschen, abtropfen lassen und mithilfe einer Gabel von den Stielen streifen. Mit 500 ml Wasser, Zimt, Nelken und Zitronenschale in einem Topf aufkochen. Zugedeckt bei schwacher Hitze ca. 15 Minuten köcheln. Samt Flüssigkeit durch ein Sieb in einen Topf gießen, dabei die Beeren gut ausdrücken (oder die Masse portionsweise durch die Flotte Lotte drehen). Mit Apfelsaft auf ca. 1 l auffüllen.

2 FÜR DIE KLÖSSCHEN Milch, Butter und 1 EL Zucker aufkochen. Grieß einstreuen und so lange rühren, bis sich die Masse als Kloß vom Topfboden löst. Vom Herd nehmen und etwas abkühlen lassen.

3 Eier einzeln unter den Grieß rühren. Aus der Grießmasse mit zwei Esslöffeln ca. 24 Klößchen formen. In kochendes Salzwasser geben und bei schwacher Hitze ca. 10 Minuten gar ziehen lassen (das Wasser darf nicht mehr kochen).

4 Apfel waschen, schälen, vierteln, entkernen und fein würfeln. Holundersaft, 6–7 EL Zucker und Zitronensaft im Topf aufkochen. Stärke und etwas kaltes Wasser glatt rühren. In die Suppe rühren und nochmals aufkochen. Apfelstücke in der Suppe bei schwacher Hitze ca. 2 Minuten köcheln. Grießklößchen herausheben und abtropfen lassen. Suppe mit Klößchen servieren.

ZUBEREITUNGSZEIT ca. 45 Min.
PORTION ca. 490 kcal
E 14 g · F 14 g · KH 73 g

Roter Hugo

FÜR 1 GLAS

4 Minzblättchen und **5 EL Holunderbeerlikör** in ein Glas geben und mit **ca. 100 ml Sekt oder Prosecco** auffüllen.

Holunderbeerlikör

ZUTATEN FÜR CA. 1 L

- ♥ 500 g Holunderbeeren
- ♥ 150 g feiner weißer Teekandis
- ♥ 1 Päckchen Vanillezucker ♥ 700 ml Wodka

1 Beeren waschen und abstreifen. Mit 250 ml Wasser kurz erhitzen. In einem Sieb gut abtropfen, abkühlen lassen. Beeren, Kandis und Vanillezucker in einem verschließbaren Glas mit Wodka bedecken. Gut verschließen. Ca. 2 Monate an einem dunklen kühlen Ort stehen lassen, dabei mehrmals schütteln.

2 Likör durch ein feines Sieb gießen, Beeren dabei leicht ausdrücken. Likör in eine Flasche füllen.

ZUBEREITUNGSZEIT ca. 10 Min.
Wartezeit ca. 2 Monate
HALTBARKEIT ca. 9 Monate

Germknödel mit Mohnbutter

ZUTATEN FÜR 4 PERSONEN

- 100 ml + 450 ml + 50 ml + 100 ml Milch
- 500 g Mehl ♥ ½ Würfel (21 g) Hefe
- 5 EL Zucker ♥ 1 Päckchen Vanillesoßenpulver (zum Kochen)
- 50 g + 80 g Butter ♥ 1 Ei (Gr. M) ♥ Salz
- Mehl für die Arbeitsfläche + das Brett
- 4 gehäufte EL Pflaumenmus (Glas)
- Fett für das Backblech
- 50 g gemahlener Mohn ♥ 2 EL Puderzucker

1 FÜR DIE KNÖDEL 100 ml Milch erwärmen. Mehl in eine Schüssel geben, Mulde eindrücken. Hefe hineinbröckeln. Mit 1 EL Zucker und warmer Milch verrühren. Zugedeckt an einem warmen Ort ca. 15 Minuten gehen lassen.

2 FÜR DIE SOSSE 450 ml Milch aufkochen. 50 ml Milch, Soßenpulver und 3 EL Zucker glatt rühren. Angerührtes Soßenpulver in die Milch rühren und ca. 1 Minute köcheln. Soße abkühlen lassen, zwischendurch umrühren.

3 FÜR DIE KNÖDEL 50 g Butter schmelzen, 100 ml Milch zugießen. Lauwarme Buttermischung, Ei, 1 EL Zucker und ½ TL Salz zum Vorteig geben. Alles zu einem glatten Teig verkneten. Zugedeckt an einem warmen Ort ca. 30 Minuten gehen lassen.

4 Teig auf etwas Mehl durchkneten und zu einer Rolle formen. Rolle in 4 gleich große Stücke schneiden und diese flach drücken. Je 1 EL Pflaumenmus in die Mitte geben. Teig darüber zusammendrücken und zu Knödeln formen. Mit der Naht nach unten auf ein mit Mehl bestäubtes Brett setzen. Zugedeckt ca. 15 Minuten gehen lassen.

5 Ca. 150 ml Wasser in einem weiten Topf aufkochen. 2 Knödel nebeneinander auf einem Dämpfeinsatz in den Topf setzen. Zugedeckt ca. 20 Minuten im Wasserdampf garen. Knödel auf einem gefetteten Backblech warm stellen. Rest Knödel ebenso zubereiten.

6 FÜR DIE MOHNBUTTER 80 g Butter erhitzen. Mohn darin ca. 1 Minute rösten. Mohnbutter über die Knödel gießen. Mit Puderzucker bestäubt servieren. Vanillesoße dazu reichen.

ZUBEREITUNGSZEIT ca. 1 ¼ Std. + Wartezeit ca. 1 Std.
PORTION ca. 950 kcal
E 23 g · F 41 g · KH 121 g

Orangengrieß mit Honigtrauben und Sesamkrokant

ZUTATEN FÜR 4 PERSONEN
- 10 EL Zucker ♥ 2 EL Sesam
- 150 g kernlose blaue Weintrauben
- 1 EL flüssiger Honig ♥ 2 EL Zitronensaft
- 400 ml Orangensaft
- 1 Päckchen Vanillezucker
- 75 g Hartweizengrieß
- 300 g Sahnejoghurt ♥ *Backpapier*

1 FÜR DEN KROKANT 6 EL Zucker in einer kleinen Pfanne goldgelb karamellisieren. Sesam einrühren, sofort auf ein Stück Backpapier streichen. Auskühlen lassen.

2 FÜR DAS OBST Weintrauben waschen und halbieren. Honig und Zitronensaft verrühren. Mit den Weintrauben mischen und ziehen lassen.

3 FÜR DEN GRIESS Orangensaft, Vanillezucker und 4 EL Zucker in einem Topf aufkochen. Grieß einrühren. Unter Rühren kurz aufkochen und bei schwacher Hitze ca. 1 Minute köcheln. Vom Herd nehmen, zugedeckt ca. 20 Minuten quellen und abkühlen lassen.

4 ⅔ Joghurt unter den Grieß heben. Grieß in vier Dessertgläser füllen. Rest Joghurt und Weintrauben darauf verteilen. Sesamkrokant in Stücke teilen. Desserts damit verzieren.

ZUBEREITUNGSZEIT ca. 25 Min. + Wartezeit ca. 40 Min.
PORTION ca. 370 kcal · E 8 g · F 9 g · KH 62 g

GUT RÜHREN

Damit der Grieß nicht anbrennt und Klümpchen bildet, beim Einstreuen mit dem Schneebesen kräftig rühren.

Gemütliche Winterzeit

Wenn auf den Feldern Ruhe einkehrt, versammeln wir uns in der guten Stube bei Kerzenschein, wärmenden Wintergerichten und süßen Naschereien. Höhepunkt des Jahres: die köstlichen Schlemmereien zum Weihnachtsfest

Steckrüben-Gulasch-Pie

ZUTATEN FÜR 4–6 PERSONEN

- 3 Zwiebeln
- 1 Steckrübe (ca. 1,2 kg)
- 1 kg gemischtes Gulasch
- 8–9 EL Olivenöl
- Salz • Pfeffer • Edelsüßpaprika
- 2 EL Tomatenmark
- 2 EL Mehl
- 1 kg Kartoffeln
- 300 ml Milch • Muskat
- 100 g Gouda (Stück)
- 2 EL Semmelbrösel

1 Zwiebeln schälen und fein würfeln. Steckrübe vierteln, schälen, waschen und in kleine Würfel schneiden. Fleisch trocken tupfen. 2–3 EL Öl in einem Schmortopf erhitzen. Fleisch darin portionsweise kräftig anbraten. Zwiebeln und ca. die Hälfte der Steckrübe zufügen und kurz mitbraten. Mit Salz, Pfeffer und Paprika kräftig würzen.

2 Tomatenmark und Mehl zufügen, unterrühren und kurz anschwitzen. Mit 1 l Wasser ablöschen, aufkochen. Zugedeckt ca. 1 ½ Stunden schmoren.

3 Inzwischen Kartoffeln schälen, waschen und halbieren. Kartoffeln und restliche Steckrübe in Salzwasser 30–40 Minuten garen.

4 Kartoffelmischung abgießen. Milch und 6 EL Öl zufügen und alles grob zerstampfen. Mit Salz und Muskat abschmecken.

5 Gulasch abschmecken und ca. die Hälfte in eine ofenfeste Form geben. Kartoffelstampf daraufgeben und das übrige Gulasch darauf verteilen. Käse grob raspeln, mit Semmelbröseln mischen und über das Gulasch streuen. Im vorgeheizten Backofen (E-Herd: 200 °C/Umluft: 180 °C/Gas: s. Hersteller) ca. 20 Minuten backen.

ZUBEREITUNGSZEIT ca. 2 ¼ Std.
PORTION ca. 630 kcal
E 49 g · F 29 g · KH 39 g

Ungarischer Rahmkraut-Auflauf

ZUTATEN FÜR 4 PERSONEN

- 150 g Langkornreis
- Salz
- 1 rote Paprikaschote
- 1 Zwiebel
- 250 g Kabanossi
- 1 EL Öl
- 1 Dose (850 ml) Sauerkraut
- Pfeffer
- 1–2 TL getrockneter Majoran
- 1 TL Edelsüßpaprika
- 5 Eier
- 300 g saure Sahne
- 1 gestrichener TL Speisestärke
- 75 g Zwiebelbrot oder -baguette
- Fett für die Form

1 Reis zugedeckt in 350 ml kochendem Salzwasser ca. 20 Minuten garen. Paprika waschen und klein schneiden. Zwiebel schälen und würfeln. Kabanossi in Scheiben schneiden.

2 Öl in einem Topf erhitzen. Kabanossi darin kurz anbraten, herausnehmen. Paprika und Zwiebel im heißen Bratfett andünsten. Sauerkraut etwas abtropfen lassen und zufügen. Mit Pfeffer, Majoran und Paprikapulver würzen. Zugedeckt bei schwacher Hitze ca. 15 Minuten schmoren.

3 Eier, saure Sahne und Stärke verquirlen. Mit Salz und Pfeffer kräftig würzen. Für die Croûtons Brot klein zupfen oder würfeln.

4 Reis eventuell abtropfen lassen, dann unter das Sauerkraut mischen. Die Hälfte in eine große gefettete Auflaufform geben. ⅔ Kabanossi darauf verteilen, mit übrigem Sauerkraut bedecken. Restliche Wurst und Brot darüberstreuen. Eiersahne darübergießen. Im vorgeheizten Backofen (E-Herd: 200 °C/Umluft: 180 °C/Gas: s. Hersteller) ca. 40 Minuten backen.

ZUBEREITUNGSZEIT ca. 1 ¼ Std.
PORTION ca. 720 kcal
E 33 g · F 42 g · KH 47 g

Schwarzwurzeln in Zitronensoße

ZUTATEN FÜR 4 PERSONEN

- 1,5 kg Schwarzwurzeln
- 1 EL Essigessenz (ersatzweise 4 EL Essig)
- 1 EL + 2 leicht gehäufte EL Mehl
- Salz
- abgeriebene Schale und Saft von 1 Bio-Zitrone
- 2 EL Butter
- 250 ml Milch
- 1 TL Gemüsebrühe (instant)
- 1–2 EL Kapern
- Pfeffer
- 8 dünne Scheiben (ca. 160 g) magerer Katenschinken

1 FÜR DIE SCHWARZWURZELN Schwarzwurzeln unter kaltem Wasser kräftig bürsten, schälen, waschen und sofort in Essigwasser mit 1 EL Mehl legen. Schwarzwurzeln dann in einem weiten Topf in ca. 500 ml kochendem Salzwasser mit 2 EL Zitronensaft zugedeckt 15–20 Minuten garen. Schwarzwurzeln herausheben und warm stellen, Gemüsewasser aufheben.

2 FÜR DIE SOSSE Butter in einem Topf erhitzen. 2 EL Mehl darin hell anschwitzen. 250 ml Gemüsewasser, Milch und Brühe einrühren. Unter Rühren aufkochen und ca. 5 Minuten köcheln. Kapern und Hälfte Zitronenschale zugeben. Soße mit Salz, Pfeffer und 1–2 EL Zitronensaft abschmecken.

3 Jeweils ca. 3 Schwarzwurzeln mit 1 Scheibe Schinken umwickeln. Mit Zitronensoße anrichten und mit übriger Zitronenschale bestreuen. Dazu schmeckt Kartoffelpüree.

ZUBEREITUNGSZEIT ca. 1 ¼ Std.
PORTION ca. 350 kcal
E 20 g · F 13 g · KH 35 g

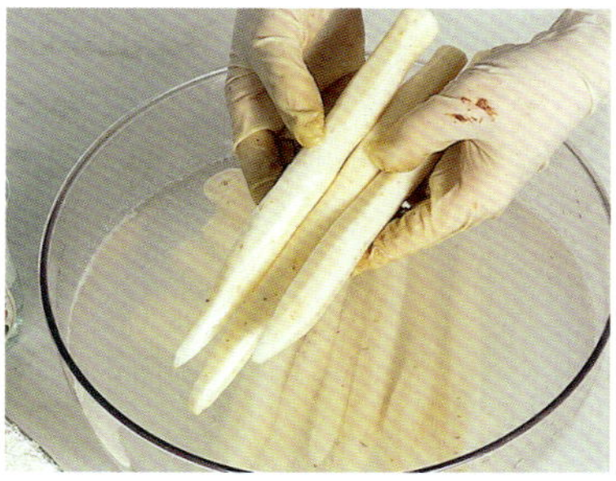

DOPPELTER FARBSCHUTZ
Schwarzwurzeln färben die Haut braun. Daher beim Schälen am besten Einmalhandschuhe tragen. Damit die geschälten Wurzeln nicht braun anlaufen, sofort in Essigwasser mit etwas Mehl legen.

Sellerie-Kartoffel-Püree zu Bratwürstchen

ZUTATEN FÜR 4 PERSONEN

- 500 g Kartoffeln
- 800 g Knollensellerie • Salz
- 2 EL Öl
- 12 kleine Bratwürstchen
- 1 Zwiebel (z. B. rot)
- 2 Lauchzwiebeln
- 1 EL Mehl
- 1 TL Gemüsebrühe (instant)
- Pfeffer
- 150 ml Milch
- 2 EL Butter • Muskat

1 Kartoffeln und Sellerie schälen, waschen und in grobe Stücke schneiden. In Salzwasser ca. 20 Minuten zugedeckt kochen.

2 Öl in einer Pfanne erhitzen. Würstchen darin ca. 8 Minuten braten. Inzwischen Zwiebel schälen und in Streifen schneiden. Lauchzwiebeln putzen, waschen und in Ringe schneiden.

3 Würstchen aus der Pfanne nehmen. Zwiebelstreifen im heißen Bratfett andünsten. Mit Mehl bestäuben und kurz anschwitzen. 250 ml Wasser unter Rühren zugießen. Brühe einrühren, aufkochen und ca. 5 Minuten köcheln. Soße mit Salz und Pfeffer abschmecken. Würstchen in die Soße legen und wieder erhitzen.

4 Kartoffeln und Sellerie abgießen. Milch und Butter zufügen und alles stampfen. Mit Salz und Muskat abschmecken. Lauchzwiebelringe unterrühren. Sellerie-Kartoffel-Püree mit Würstchen samt Soße anrichten.

ZUBEREITUNGSZEIT ca. 30 Min.
PORTION ca. 660 kcal
E 33 g · F 46 g · KH 28 g

WÜRZIGE SOSSE

Die Zwiebelsoße können Sie nach Belieben noch mit etwas mittelscharfem Senf abschmecken.

Chicorée im Schinkenmantel mit Tomatensoße

ZUTATEN FÜR 4 PERSONEN

- 1 Zwiebel
- 3 EL Olivenöl
- 1 EL Tomatenmark
- 1 Dose (850 ml) Tomaten
- 1 TL Gemüsebrühe (instant)
- Salz • Pfeffer
- 8 kleine Kolben (ca. 1 kg) Chicorée
- 8 Scheiben Gouda (ca. 240 g)
- 8 dünne Scheiben gekochter Schinken (ca. 280 g)
- 2 EL Butter
- *Holzspießchen*

1 FÜR DIE SOSSE Zwiebel schälen und würfeln. Öl in einem Topf erhitzen. Zwiebel darin andünsten. Tomatenmark einrühren und anschwitzen. Tomaten samt Saft zufügen, Tomaten mit einem Pfannenwender zerdrücken. 200 ml Wasser zugießen, aufkochen und Brühe einrühren. Mit Salz und Pfeffer würzen. Offen 10–15 Minuten köcheln.

2 Inzwischen Chicorée waschen und den Strunk keilförmig herausschneiden. Chicorée mit je 1 Scheibe Käse und Schinken umwickeln. Mit Holzspießchen feststecken.

3 Butter in einer Pfanne erhitzen. Chicorée darin rundherum kräftig anbraten, in eine Auflaufform legen. Mit Tomatensoße übergießen. Im vorgeheizten Backofen (E-Herd: 200 °C/ Umluft: 180 °C/Gas: s. Hersteller) 40–45 Minuten backen. Dazu schmecken Salzkartoffeln.

ZUBEREITUNGSZEIT ca. 1 Std.
PORTION ca. 480 kcal
E 43 g · F 32 g · KH 2 g

Lauwarmer Wintersalat mit gebratenem Ziegenkäse

ZUTATEN FÜR 4 PERSONEN

- 800 g Rote Beten
- 800 g Möhren
- 1 Zwiebel
- 200 g junger Blattspinat
- 50 g Kernemix (z. B. Sonnenblumen-, Kürbis-, Pinien- und Sojakerne)
- 2 EL Olivenöl
- Salz ♥ Pfeffer
- 150 ml Orangensaft
- 1 TL Honig
- 2 EL Obstessig
- 6 Stiele Thymian
- 4 EL Semmelbrösel
- 200 g Ziegenfrischkäsetaler

1 Rote Beten schälen und in Spalten schneiden (Vorsicht, färben stark! Einmalhandschuhe tragen). Möhren schälen, waschen, längs halbieren und in Scheiben schneiden. Zwiebel schälen und in Spalten schneiden. Spinat verlesen, waschen und trocken schütteln.

2 Kernemix in einer Pfanne ohne Fett rösten, herausnehmen. 1 EL Öl in der Pfanne erhitzen. Rote Beten darin ca. 10 Minuten braten. Nach ca. 5 Minuten Möhren und Zwiebel zugeben. Mit Salz und Pfeffer würzen. Mit 100 ml Orangensaft ablöschen, aufkochen und ca. 5 Minuten köcheln. Spinat zufügen, kurz zusammenfallen lassen. Mit Salz, Pfeffer, Honig und Essig abschmecken. 50 ml Orangensaft zugeben.

3 Thymian waschen und hacken, mit Semmelbröseln mischen. Käsetaler darin wenden. 1 EL Öl in einer Pfanne erhitzen, Taler darin pro Seite ca. 1 Minute braten. Salat und Taler anrichten, mit Kernemix bestreuen.

ZUBEREITUNGSZEIT ca. 45 Min.
PORTION ca. 410 kcal
E 18 g · F 22 g · KH 32 g

Cassoulet mit Hähnchenkeulen

ZUTATEN FÜR 4 PERSONEN

- 1 Dose (425 ml) weiße Bohnenkerne
- 3 Möhren
- 250 g Knollensellerie
- 600 g Kartoffeln
- 2–3 Knoblauchzehen
- 100 g geräucherter durchwachsener Speck
- 8 Stiele Thymian
- 3 Lorbeerblätter
- 250 ml trockener Weißwein
- Salz • Pfeffer
- 4 Hähnchenkeulen (à ca. 250 g)
- Edelsüßpaprika

1 Bohnen abgießen, kalt abspülen und abtropfen lassen. Möhren und Sellerie schälen, waschen und in Scheiben bzw. feine Würfel schneiden. Kartoffeln schälen, waschen und würfeln. Knoblauch schälen und in Scheiben schneiden. Speck in grobe Streifen schneiden. Thymian waschen. Alles mit Lorbeer in einen großen Bräter mit Deckel geben und mischen. Wein und ca. 250 ml Wasser angießen. Mit Salz und Pfeffer kräftig würzen.

2 Hähnchenkeulen abspülen und trocken tupfen. Mit Salz, Pfeffer und Paprika würzen, auf das Gemüse legen.

3 Alles im vorgeheizten Backofen (E-Herd: 180 °C/Umluft: 160 °C/Gas: s. Hersteller) ca. 45 Minuten zugedeckt schmoren. Dann Deckel abnehmen und offen weitere ca. 30 Minuten fertig garen. Dazu schmeckt Schmand.

ZUBEREITUNGSZEIT ca. 1 ¾ Std.
PORTION ca. 660 kcal
E 41 g · F 36 g · KH 34 g

OHNE ALKOHOL

Wenn Kinder mitessen, den Wein einfach durch die gleiche Menge Wasser ersetzen und 1 TL Hühnerbrühe (instant) einrühren.

Graupensuppe

ZUTATEN FÜR 6 PERSONEN

- 1 Schinkenknochen (mit reichlich Schinken daran; ca. 500 g; evtl. beim Fleischer vorbestellen)
- 2 Lorbeerblätter
- 3 Gewürznelken
- 4 Wacholderbeeren
- 6 Pfefferkörner
- 1 großes Bund Suppengrün
- 200 g Perlgraupen
- 3 große Kartoffeln
- 3 EL Butter
- 6 Mettenden
- Salz ♥ Pfeffer
- flüssige Speisewürze (z. B. Maggi)
- 1 Bund Petersilie

1 Schinkenknochen abspülen und in einem Topf mit gut 2 l kaltem Wasser bedecken. Lorbeer, Nelken, Wacholder und Pfefferkörner zufügen, aufkochen und zugedeckt ca. 2 Stunden köcheln.

2 Suppengrün putzen bzw. schälen und waschen. Möhren und Sellerie würfeln. Porree in Ringe schneiden. Graupen abspülen und abtropfen lassen. Kartoffeln schälen, waschen und ebenfalls würfeln.

3 Knochen herausnehmen. Brühe durch ein Sieb gießen. Butter in einem großen Topf erhitzen. Suppengrün, Kartoffeln und Graupen darin ca. 5 Minuten andünsten. Mit Brühe ablöschen, aufkochen und zugedeckt ca. 15 Minuten köcheln. Mettenden zugeben und ca. 15 Minuten weiterköcheln.

4 Suppe mit Salz, Pfeffer und Speisewürze abschmecken. Schinken vom Knochen lösen und in Würfel schneiden. Schinkenwürfel in der Suppe erhitzen. Petersilie waschen, hacken und darüberstreuen.

ZUBEREITUNGSZEIT ca. 2 ½ Std.
PORTION ca. 580 kcal
E 35 g · F 29 g · KH 40 g

KRÄFTIGE BRÜHE

Wenn Sie beim Fleischer keinen Schinkenknochen bekommen, kaufen Sie einfach 300 g geräucherten durchwachsenen Speck oder Katenschinken im Stück. Nach dem Kochen würfeln und in die Suppe geben.

Szegediner Mettkuchen vom Blech

ZUTATEN FÜR CA. 20 STÜCKE

- 1 Packung (500 g) Brotbackmischung mit Sauerteig und Hefe (z. B. „Bauernkruste")
- 3 Zwiebeln ♥ 3–4 EL Öl
- 1 kg Mett (gewürztes Schweinehack)
- 2 Dosen (à 850 ml) Sauerkraut
- 2 Lorbeerblätter ♥ Pfeffer
- 3 TL Edelsüßpaprika
- 1 TL gemahlener Kümmel ♥ Salz
- Mehl zum Ausrollen und für die Fettpfanne
- Fett für die Fettpfanne
- 3 Packungen (à 250 g) Sour Cream
- 200 g Schlagsahne
- 10 Eier (Gr. M) ♥ Muskat

1 FÜR DEN TEIG Backmischung nach Packungsanweisung zubereiten und gehen lassen.

2 FÜR DEN BELAG Zwiebeln schälen und würfeln. Öl in einem Bräter erhitzen, Mett darin krümelig braten. Zwiebeln kurz mitbraten. Sauerkraut und Lorbeer zufügen. Mit Pfeffer, Paprika, Kümmel und etwas Salz würzen. Aufkochen und zugedeckt ca. 10 Minuten schmoren. Etwas abkühlen lassen.

3 Teig durchkneten, auf etwas Mehl in Größe der Fettpfanne (ca. 32 x 39 cm) ausrollen. In die gefettete, mit Mehl ausgestäubte Fettpfanne legen und am Rand hochdrücken. Zugedeckt weitere ca. 20 Minuten gehen lassen.

4 FÜR DEN GUSS Sour Cream, Sahne und Eier glatt rühren. Mit Salz, Pfeffer und Muskat würzen.

5 Die lauwarme Krautmischung auf dem Teig verteilen und den Guss darübergießen. Im vorgeheizten Backofen (E-Herd: 200 °C/Umluft: 180 °C/Gas: s. Hersteller) ca. 50 Minuten backen. Dazu schmeckt Sour Cream.

ZUBEREITUNGSZEIT ca. 1 ¾ Std. +
Gehzeit ca. 1 Std.
STÜCK ca. 420 kcal
E 20 g · F 27 g · KH 20 g

Grünkohleintopf mit Kasseler

ZUTATEN FÜR 4 PERSONEN

- 500 g geputzter Grünkohl
- 500 g Kasselerlachs
- 250 g Kartoffeln
- 1 Zwiebel
- 2 EL Butterschmalz
- 2 EL Gemüsebrühe (instant)
- evtl. 2 EL Rosinen • Salz • Pfeffer

1 Grünkohl verlesen, von den dicken Blattrippen zupfen. Kohl gut waschen und grob hacken. Kasseler abspülen und trocken tupfen. Kartoffeln schälen und waschen. Zwiebel schälen. Alles in Würfel schneiden.

2 Butterschmalz in einem Topf erhitzen. Kasseler darin anbraten. Kartoffeln zufügen und kurz mitbraten. Grünkohl zufügen. 1,5 l Wasser angießen, Brühe einrühren und aufkochen. Alles zugedeckt ca. 30 Minuten köcheln.

3 Inzwischen Rosinen heiß waschen, abtropfen lassen. Nach ca. 15 Minuten in den Eintopf geben und mitköcheln. Mit Salz und Pfeffer abschmecken.

ZUBEREITUNGSZEIT ca. 1 Std.
PORTION ca. 490 kcal
E 36 g · F 27 g · KH 23 g

ZARTE RÜSCHEN

Das krause Blattgrün lässt sich mit den Fingern leicht von den harten Mittelrippen abstreifen.

Wintergemüse vom Blech mit Zwiebelmett

ZUTATEN FÜR 4 PERSONEN

- 1 Steckrübe (ca. 1 kg)
- 800 g Kartoffeln
- 600 g Rote Beten
- Salz • Pfeffer
- 6–8 EL Olivenöl
- 400 g Mett (gewürztes Schweinehack)
- 200 g Paprikaquark

1 Steckrübe schälen, waschen und vierteln. Zunächst in Scheiben und dann in Würfel (ca. 1,5 cm) schneiden. Kartoffeln schälen, waschen und je nach Größe vierteln oder halbieren. Rote Beten schälen und in Spalten schneiden (Vorsicht, färben stark! Einmalhandschuhe tragen).

2 Alles mit Salz, Pfeffer und Öl auf einer Fettpfanne mischen und darauf verteilen. Im vorgeheizten Backofen (E-Herd: 200 °C/Umluft: 180 °C/Gas: s. Hersteller) zunächst ca. 30 Minuten backen.

3 Mett mit den Fingern grob zerzupfen und auf dem Gemüse verteilen. Alles ca. 20 Minuten zu Ende backen. Paprikaquark dazu reichen.

ZUBEREITUNGSZEIT ca. 1 Std.
PORTION ca. 660 kcal
E 35 g · F 33 g · KH 52 g

Gefüllte Gans

ZUTATEN FÜR 6 PERSONEN

- 7 Zwiebeln ♥ 6 Äpfel (z. B. Elstar)
- 4 Stiele Beifuß ♥ Salz ♥ Pfeffer
- 1 bratfertige Gans (4,5–4,7 kg)
- 1 Bund Suppengrün
- 400 ml Geflügelfond (Glas)
- 2 EL Speisestärke
- *Holzspießchen ♥ Küchengarn*

1 FÜR DIE FÜLLUNG 4 Zwiebeln schälen, grob würfeln. 4 Äpfel waschen, vierteln, entkernen und grob würfeln. Beifuß waschen. Apfel- und Zwiebelstücke mit 2 Stielen Beifuß, ca. 1 TL Salz und Pfeffer mischen.

2 FÜR DIE GANS Vogel innen und außen abspülen, trocken tupfen, mit Salz und Pfeffer würzen. Füllung hineingeben. Öffnung mit Spießchen und Garn verschließen. Keulen zusammenbinden.

3 3 Zwiebeln schälen und in Spalten schneiden. Suppengrün putzen bzw. schälen, waschen und grob würfeln. 2 Äpfel waschen, vierteln, entkernen. Alles mit 2 Stielen Beifuß, Salz und Pfeffer mischen, auf der Fettpfanne oder in einem großen flachen Bräter verteilen. Gans daraufsetzen. Im vorgeheizten Backofen (E-Herd: 100 °C/Umluft: 80 °C/Gas: s. Hersteller) zunächst ca. 7 Stunden braten. Ab und zu in die Haut stechen, damit das Fett austreten kann. Nach ca. 2 und 4 Stunden je ca. 250 ml Wasser auf die Fettpfanne gießen.

4 Gans aus dem Ofen nehmen und auf den Rost setzen. Für die Soße Schmorgemüse samt Fond durch ein Sieb in einen Topf gießen. Gans auf dem Rost in den Ofen schieben, leere Fettpfanne darunterschieben. Ofentemperatur hochschalten (E-Herd: 180 °C/Umluft: 160 °C/Gas: s. Hersteller). Gans ca. 1 Stunde braten. 100 ml Wasser mit 1 EL Salz mischen. Gans alle 15 Minuten damit bestreichen.

5 FÜR DIE SOSSE Fond entfetten, mit Geflügelfond auffüllen und aufkochen. Stärke mit 2 EL kaltem Wasser anrühren, Soße damit binden. Abschmecken.

6 Gans tranchieren und mit der Soße servieren. Dazu schmecken Rosenkohl und Kartoffelklöße.

ZUBEREITUNGSZEIT ca. 8 ½ Std.
PORTION ca. 890 kcal
E 61 g · F 55 g · KH 32 g

Hummer-Orangen-Suppe mit Lachs-Crespelle

ZUTATEN FÜR 4 PERSONEN

FÜR DIE CRESPELLE

- 75 g Mehl • Salz
- 125 ml Milch
- 1 Ei (Gr. M)
- 2 TL Butter
- 100 g Graved Lachs in Scheiben
- *Frischhaltefolie • 4 Holzspieße*

FÜR DIE SUPPE

- 2 Schalotten
- 2 Würfel (à 50 g) Hummerpaste
- 500 ml Fischfond (Glas) oder Gemüsebrühe
- 250 ml Orangensaft
- 100 g Schlagsahne
- Salz • Pfeffer

1 FÜR DIE CRESPELLE Mehl, 1 Prise Salz, Milch und Ei glatt verrühren. Ca. 10 Minuten quellen lassen. Butter portionsweise in einer beschichteten Pfanne (ca. 20 cm Ø) erhitzen und darin aus dem Teig 2 dünne goldbraune Pfannkuchen backen. Auskühlen lassen. Mit Lachs belegen, fest aufrollen und in Folie wickeln. Kalt stellen.

2 FÜR DIE SUPPE Schalotten schälen und fein würfeln. Hummerpaste in einem Topf schmelzen. Schalotten darin glasig dünsten. Fischfond und Orangensaft einrühren, aufkochen. Ca. 10 Minuten köcheln, ab und zu umrühren. Sahne zugießen, Suppe mit Salz und Pfeffer abschmecken.

3 Crespelle in je ca. 10 Scheiben schneiden und auf die Spieße stecken. Mit der Suppe anrichten.

ZUBEREITUNGSZEIT ca. 50 Min. + Wartezeit ca. 20 Min.
PORTION ca. 430 kcal
E 16 g · F 25 g · KH 33 g

EINKAUFSTIPP

Wer im Supermarkt die Hummerpastenwürfel nicht bekommt, nimmt einfach Hummersuppenpaste aus dem Glas oder der Dose. Reste davon halten sich im Kühlschrank ca. 4 Wochen. Damit können Sie prima z. B. Soßen oder Ragouts mit Fisch verfeinern.

Kartoffelblini mit geräucherter Gänsebrust

ZUTATEN FÜR 6 PERSONEN

- 250 g Kartoffeln ♥ Salz
- 75 ml Milch
- ¼ Würfel (ca. 10 g) Hefe
- 3 Eier (Gr. M)
- 120 g Mehl
- 1 gestrichener TL Backpulver
- Pfeffer ♥ Muskat
- 2 säuerliche Äpfel (z. B. Elstar)
- 1 EL Zitronensaft
- 1–2 EL Zucker
- ½ Granatapfel
- 2 EL Butterschmalz
- 250 g geräucherte Gänsebrust in Scheiben

1 FÜR DIE BLINI Kartoffeln schälen, waschen und in Salzwasser ca. 20 Minuten kochen. Kartoffeln abgießen und mit einer Gabel sehr fein zerdrücken. Abkühlen lassen.

2 Milch lauwarm erwärmen. Hefe hineinbröckeln und auflösen. Eier trennen. Eigelb, Hefemilch, Mehl und Backpulver zu den Kartoffeln geben. Mit Salz, Pfeffer und Muskat würzen. Alles zu einem glatten Teig verrühren. An einem warmen Ort zugedeckt ca. 30 Minuten gehen lassen.

3 FÜR DAS KOMPOTT Äpfel schälen, vierteln, entkernen und würfeln. Mit Zitronensaft beträufeln. Mit Zucker und 4–5 EL Wasser aufkochen. Zugedeckt ca. 3 Minuten dünsten. Granatapfelkerne herauslösen und unter das Kompott heben. Abkühlen lassen.

4 FÜR DIE BLINI Eiweiß steif schlagen, unter den Teig heben und weitere ca. 15 Minuten gehen lassen. Butterschmalz portionsweise in einer großen beschichteten Pfanne erhitzen. Aus dem Teig insgesamt 18 goldbraune Blini backen. Mit der Gänsebrust belegen und mit Apfelkompott anrichten.

ZUBEREITUNGSZEIT ca. 45 Min. + Gehzeit ca. 45 Min.
PORTION ca. 370 kcal
E 14 g · F 19 g · KH 34 g

Filetspitzen-Pilz-Gulasch mit Brezelgugelhupf

ZUTATEN FÜR 6–8 PERSONEN

FÜR DEN GUGELHUPF

- 500 ml Milch ♥ 400 g Laugengebäck (z. B. Laugenbrezeln oder -stangen; vom Vortag)
- 1 kleine Gemüsezwiebel (ca. 225 g)
- 6 Stiele Petersilie ♥ 50 g Butter
- 4 Eier (Gr. M) ♥ Salz ♥ Pfeffer
- Fett und Mehl für die Form

FÜR DAS GULASCH

- 10 g getrocknete Steinpilze
- 2 Schalotten oder 1 kleine Zwiebel
- je 500 g weiße und Roséchampignons
- je 800 g Schweine- und Rinderfilet ♥ 7 EL Öl ♥ Salz ♥ Pfeffer
- 1 l Rinderfond (Glas); ersatzweise klare Brühe ♥ 400 g Pfifferlinge (TK oder Glas) ♥ 5 Stiele Majoran
- 2 EL (ca. 30 g) Speisestärke

1 FÜR DEN GUGELHUPF Milch erhitzen. Laugengebäck in ca. 1,5 cm große Stücke schneiden und in eine Schüssel geben. Mit der heißen Milch übergießen und zugedeckt ca. 15 Minuten einweichen. Zwiebel schälen und würfeln. Petersilie waschen, hacken. Butter erhitzen. Zwiebel darin glasig dünsten.

2 Eier trennen. Eigelb, Zwiebel und Petersilie zu dem Laugengebäck geben. Mit Salz und Pfeffer würzen. Eiweiß steif schlagen, unterheben. Masse in eine gut gefettete, mit Mehl ausgestäubte Gugelhupfform (ca. 22 cm Ø; ca. 2,5 l Inhalt) füllen. Im vorgeheizten Backofen (E-Herd: 180 °C/Umluft: 160 °C/Gas: s. Hersteller) ca. 45 Minuten backen.

3 FÜR DAS GULASCH Steinpilze in gut 500 ml heißem Wasser ca. 15 Minuten einweichen. Schalotten schälen und fein würfeln. Champignons putzen, kurz waschen und halbieren. Filets trocken tupfen und in Stücke schneiden. Steinpilze abgießen und das Einweichwasser dabei auffangen. Steinpilze sehr fein hacken.

4 Fleisch im großen Schmortopf portionsweise in 4 EL heißem Öl kräftig anbraten. Mit Salz und Pfeffer würzen, herausnehmen. 2 EL Öl im Bratfett erhitzen. Champignons darin anbraten. Schalotten und Steinpilze kurz mitbraten. Mit Salz und Pfeffer würzen. Fleisch wieder zufügen. Fond und Einweichwasser angießen, aufkochen und zugedeckt ca. 40 Minuten schmoren.

5 Pfifferlinge auftauen bzw. abtropfen lassen. Gugelhupf aus dem Ofen nehmen, in der Form ca. 15 Minuten ruhen lassen. Inzwischen Majoran waschen, Blättchen abzupfen. Pfifferlinge gut trocken tupfen. In 1 EL heißem Öl kurz anbraten. Mit Salz und Pfeffer würzen.

6 Stärke und 5 EL Wasser glatt rühren. Gulasch mit der angerührten Stärke binden. Pfifferlinge und Majoran zufügen. Gulasch mit Salz und Pfeffer abschmecken. Gugelhupf vorsichtig stürzen und in Scheiben schneiden. Mit dem Gulasch anrichten.

ZUBEREITUNGSZEIT ca. 2 Std.
PORTION ca. 650 kcal
E 59 g · F 29 g · KH 33 g

Rouladen mit Backobstfüllung zu böhmischen Knödeln

ZUTATEN FÜR 4 PERSONEN

- 250 g Backobst
- 100 ml Birnennektar
- ¼ Würfel (ca. 10 g) Hefe
- 1 TL Zucker
- 100 ml Milch
- 250 g Weizenmehl (Type 550) ♥ Salz
- 1 Ei (Gr. M)
- Fett für die Alufolie
- 2 Zwiebeln
- 4 Rinderrouladen (à ca. 150 g)
- 4 TL mittelscharfer Senf ♥ Pfeffer
- 100 g geräucherter durchwachsener Speck
- je ½ Bund Thymian und Majoran
- 2 EL Öl
- 2 EL Tomatenmark
- 500 ml trockener Rotwein
- 1 EL Butterschmalz
- *Alufolie ♥ Holzspießchen*

1 FÜR DIE FÜLLUNG Backobst klein würfeln, mit Birnennektar beträufeln und ca. 2 Stunden einweichen.

2 FÜR DIE KNÖDEL Hefe mit Zucker flüssig rühren. Milch lauwarm erwärmen. Mehl in eine Schüssel geben. ½ gestrichenen TL Salz, Ei, Milch und Hefe zufügen. Erst mit den Knethaken des Rührgeräts, dann mit den Händen glatt verkneten. Teig zugedeckt an einem warmen Ort ca. 1 Stunde gehen lassen.

3 Reichlich Salzwasser in einem Bräter oder weiten Topf mit Deckel aufkochen. Hefeteig noch einmal durchkneten und zu einer Rolle formen. In gefettete Alufolie wickeln. Knödel im siedenden Salzwasser zugedeckt ca. 20 Minuten gar ziehen lassen. Herausnehmen und auskühlen lassen.

4 FÜR DIE ROULADEN Backobst abtropfen lassen, Nektar dabei auffangen. Zwiebeln schälen und in feine Ringe schneiden. Rouladen trocken tupfen und mit je 1 TL Senf bestreichen. Zwiebeln und Backobst darauf verteilen. Aufrollen und mit Holzspießchen feststecken. Mit Salz und Pfeffer würzen. Speck fein würfeln. Kräuter waschen und fein hacken.

5 Öl in einem Bräter erhitzen. Rouladen darin rundherum braun anbraten. Speck zufügen und kurz mitbraten. Tomatenmark und Kräuter zufügen. Mit Wein, aufgefangenem Nektar und ca. 400 ml Wasser ablöschen. Mit Salz und Pfeffer würzen. Aufkochen und zugedeckt ca. 2 Stunden schmoren.

6 Knödelrolle in Scheiben schneiden. Butterschmalz in einer großen Pfanne erhitzen. Knödel darin von jeder Seite goldbraun braten. Alles anrichten. Dazu schmeckt grüner Salat.

ZUBEREITUNGSZEIT ca. 3 Std. + Wartezeit ca. 2 Std.
PORTION ca. 860 kcal
E 48 g · F 22 g · KH 94 g

Fischplatte de luxe mit Safranhollandaise

ZUTATEN FÜR 4 PERSONEN

- 800 g mehligkochende Kartoffeln • Salz
- 3 EL + 50 g kalte Butter
- 5 EL Milch
- 3 Eigelb • Muskat
- 1 Romanesco
- je 300 g Zanderfilet mit Haut, Lachs- und Seeteufelfilet
- 1 Bund Dill
- 150 g Schlagsahne
- 1 Beutel „Zubereitung für Sauce hollandaise" (für 125 g Butter)
- 1 Döschen (0,1 g) Safranfäden
- 150 g Flusskrebsfleisch oder Shrimps
- 2–3 EL Öl • Pfeffer
- *Backpapier*

1 FÜR DIE HERZOGINKARTOFFELN Kartoffeln schälen, waschen und in Salzwasser ca. 20 Minuten kochen. Abgießen und heiß durch eine Kartoffelpresse drücken. 2 EL Butter, 3 EL Milch und 2 Eigelb unterrühren. Mit Salz und Muskat würzen. Masse in einen Spritzbeutel mit großer Sterntülle füllen. Ca. 16 Tuffs auf ein mit Backpapier belegtes Blech spritzen. 1 Eigelb und 2 EL Milch verquirlen. Herzoginkartoffeln damit bestreichen.

2 Romanesco putzen, waschen und in Röschen teilen. Alle Fischfilets abspülen, trocken tupfen und in jeweils 4 gleich große Stücke schneiden. Dill waschen und fein schneiden.

3 FÜR DIE HOLLANDAISE Sahne, 100 ml Wasser, Soßenpulver und Safran in einem Topf verrühren. Unter Rühren aufkochen. 50 g Butter in Stückchen unterschlagen, vom Herd ziehen. Krebsfleisch darin erwärmen. Warm stellen.

4 Kartoffeln im vorgeheizten Backofen (E-Herd: 200 °C/Umluft: 180 °C/Gas: s. Hersteller) ca. 15 Minuten backen. Romanesco in Salzwasser ca. 10 Minuten kochen. Öl in einer großen Pfanne erhitzen. Fisch darin in 2 Portionen je nach Dicke pro Seite 2–3 Minuten braten, dabei den Zander erst auf der Hautseite anbraten. Mit Salz und Pfeffer würzen. Fisch warm stellen.

5 Romaneso abgießen und 1 EL Butter zufügen, durchschwenken. Fisch mit Soße, Romanesco und Herzoginkartoffeln anrichten. Mit Dill bestreuen.

ZUBEREITUNGSZEIT ca. 1 ½ Std.
PORTION ca. 660 kcal
E 57 g · F 37 g · KH 20 g

Schweinefilet im Briocheteig

ZUTATEN FÜR 4–6 PERSONEN

- ½ Würfel (21 g) Hefe ♥ 2 EL Zucker
- 50 g + 2 EL Butter
- 125 ml + 1 EL Milch
- 300 g Mehl ♥ Salz
- 1 Ei + 1 Eigelb (Gr. M)
- 2 Schweinefilets (à ca. 350 g) ♥ Pfeffer
- 2 EL Öl
- 2–3 EL Calvados
- 1 gestrichener TL Speisestärke
- 1–2 TL Worcestersoße
- 4 gestrichene EL Dijonsenf
- 2 EL Apfelgelee (Glas)
- Mehl zum Ausrollen
- 750 g Brokkoli
- 75 g Hartkäse (z. B. Gruyère; Stück)
- 50 g Mandelblättchen
- *Backpapier*

1 FÜR DEN TEIG Hefe mit Zucker flüssig rühren. 50 g Butter schmelzen, 125 ml Milch zugießen, erwärmen. Mit Hefe, Mehl, 1 Prise Salz und 1 Ei glatt verkneten. Teig zugedeckt an einem warmen Ort ca. 45 Minuten gehen lassen.

2 FÜR DAS FLEISCH Filets trocken tupfen. Mit Salz und Pfeffer würzen. Öl in einer großen Pfanne erhitzen. Fleisch darin rundherum kräftig anbraten. Herausnehmen und etwas abkühlen lassen. Bratsatz mit Calvados und ca. 300 ml Wasser ablöschen, aufkochen und ca. 2 Minuten köcheln. Stärke und 2 EL Wasser glatt rühren. Soße damit binden. Mit Worcestersoße, Salz und Pfeffer abschmecken, warm stellen.

3 Senf und Apfelgelee glatt rühren. Briocheteig halbieren, auf etwas Mehl zu 2 Rechtecken (à ca. 20 x 30 cm) ausrollen. Jeweils mit der Hälfte Senfcreme bestreichen, Ränder dabei frei lassen. Filets daraufsetzen und in den Teig einschlagen. Auf ein mit Backpapier ausgelegtes Backblech setzen. 1 Eigelb und 1 EL Milch verquirlen. Teig damit bestreichen. Im vorgeheizten Backofen (E-Herd: 180 °C/Umluft: 160 °C/Gas: s. Hersteller) 25–30 Minuten backen.

4 Brokkoli waschen, in Röschen teilen, in Salzwasser 6–8 Minuten kochen. Abgießen, in eine Auflaufform geben. Käse darüberraspeln. 2 EL Butter in Stückchen und Mandeln darauf verteilen. Fleisch aus dem Ofen nehmen. Ofentemperatur hochschalten (E-Herd: 230 °C/Umluft: 210 °C/Gas: s. Hersteller). Brokkoli im Ofen ca. 5 Minuten gratinieren. Soße erhitzen, mit Salz und Pfeffer abschmecken. Alles anrichten. Dazu schmecken Strohkartoffeln.

ZUBEREITUNGSZEIT ca. 1 ¼ Std. + Gehzeit ca. 45 Min.
PORTION ca. 480 kcal
E 37 g · F 28 g · KH 14 g

Glasierte Entenbrust

ZUTATEN FÜR 4 PERSONEN

- 750 g Rosenkohl
- 1 Zwiebel
- 1 Stück (ca. 4 cm) Ingwer
- 75 g Aprikosenkonfitüre
- 3 EL Sojasoße
- 3 Entenbrustfilets (à ca. 350 g)
- Salz ♥ Pfeffer
- 1 Glas (400 ml) Entenfond
- 1 l Öl zum Frittieren
- 750 g TK-Kroketten (für die Fritteuse)
- 2 EL Butter ♥ 1–2 TL Speisestärke
- Zucker ♥ *Alufolie*

1 Rosenkohl putzen und waschen. Zwiebel schälen. FÜR DIE GLASUR Ingwer schälen, fein reiben. Mit Konfitüre und Sojasoße verrühren. Entenbrustfilets abspülen und trocken tupfen. Haut mit einem scharfen Messer rautenförmig einschneiden. Fleischseite mit Salz und Pfeffer würzen.

2 Filets auf der Hautseite in einer ofenfesten Pfanne oder einem flachen Bräter ca. 5 Minuten anbraten. Wenden und kurz kräftig auf der Fleischseite anbraten. Im vorgeheizten Backofen (E-Herd: 180 °C/Umluft: 160 °C/Gas: s. Hersteller) ca. 20 Minuten braten. Nach ca. 10 Minuten mit der Hälfte Glasur bestreichen und zu Ende garen.

3 Inzwischen Rosenkohl in kochendem Salzwasser zugedeckt 15–18 Minuten garen. Filets herausnehmen, locker in Alufolie wickeln, ca. 5 Minuten ruhen lassen. Das Entenfett, bis auf ca. 1 EL, abgießen. Restliche Glasur im Bratensatz erhitzen, mit Entenfond ablöschen und aufkochen. Bei mittlerer Hitze ca. 5 Minuten einkochen lassen.

4 Öl in einem hohen Topf oder einer Fritteuse auf 180 °C erhitzen. Kroketten darin nach Packungsanweisung goldbraun frittieren.

5 Butter in einem Topf erhitzen, Zwiebelwürfel darin glasig dünsten. Rosenkohl abgießen und in der Zwiebelbutter schwenken. Stärke und 2 EL Wasser glatt rühren, Soße damit binden. Mit Salz, Pfeffer und 1 Prise Zucker abschmecken. Filets aus der Folie nehmen, ausgetretenen Fleischsaft zur Soße gießen. Entenbrust in Stücke schneiden, mit Soße, Rosenkohl und Kroketten anrichten.

ZUBEREITUNGSZEIT ca. 1 Std.
PORTION ca. 930 kcal
E 70 g · F 36 g · KH 74 g

PERFEKTER SCHNITT

Haut der Entenbrüste mit einem scharfen Messer einschneiden, aber nicht ins Fleisch schneiden. Sonst tritt beim Braten zu viel Saft aus, die Brust wird trocken.

Rindersteak mit Trüffelrahm und Kartoffelgratin

ZUTATEN FÜR 4 PERSONEN
- 800 g Kartoffeln
- 150 g + 100 g Schlagsahne
- 100 ml Milch • Salz • Pfeffer
- 500 g TK-grüne-Bohnen • 2 EL Öl
- 4 Scheiben Frühstücksspeck (Bacon)
- 800 g Rinderfilet (Mittelstück)
- 4 Schalotten oder kleine Zwiebeln
- 100 ml trockener Weißwein
- 75 g kalte Trüffelbutter (Glas) • Zucker
- 1 EL Butter • *Küchengarn* • *Alufolie*

1 FÜR DAS GRATIN Kartoffeln schälen, waschen und in dünne Scheiben schneiden oder hobeln. Kartoffelscheiben fächerförmig in eine Gratinform (ca. 24 cm Ø) schichten. 150 g Sahne und Milch verrühren. Mit Salz und Pfeffer kräftig würzen und über die Kartoffeln gießen. Im vorgeheizten Backofen (E-Herd: 200 °C/Umluft: 180 °C/Gas: s. Hersteller) ca. 45 Minuten backen.

2 FÜR DIE BOHNEN gefrorene Bohnen in kochendem Salzwasser 10–12 Minuten garen. Abgießen, kalt abschrecken und abtropfen lassen. 1 EL Öl in einer Pfanne erhitzen. Speck darin knusprig braten. Herausnehmen und auf Küchenpapier abtropfen lassen. Pfanne mit Speckfett beiseitestellen.

3 FÜR DIE STEAKS Fleisch trocken tupfen und in 4 Medaillons (3–4 cm hoch) schneiden. Steaks mit Küchengarn in Form binden. 1 EL Öl zum Speckfett in die Pfanne geben und stark erhitzen. Steaks darin von jeder Seite 3–4 Minuten braten. Mit Salz und Pfeffer würzen, in Alufolie wickeln und ca. 10 Minuten ruhen lassen.

4 FÜR DIE SOSSE Schalotten schälen und fein würfeln. Hälfte Schalotten im heißen Bratfett glasig dünsten und mit Weißwein, 100 ml Wasser und 100 g Sahne ablöschen. Aufkochen und ca. 2 Minuten köcheln. Trüffelbutter in Stückchen unterschlagen (nicht mehr kochen!). Soße mit Salz, Pfeffer und 1 Prise Zucker abschmecken.

5 Butter in einer Pfanne erhitzen. Übrige Schalotten darin glasig dünsten. Bohnen darin schwenken und erhitzen. Zum Schluss Speck darüberbröckeln. Mit Pfeffer würzen. Mit Filetsteaks, Gratin und Trüffelrahm anrichten.

ZUBEREITUNGSZEIT ca. 1 ½ Std.
PORTION ca. 790 kcal
E 52 g · F 45 g · KH 36 g

Rinderbouillon mit Nuss-Eierstich

ZUTATEN FÜR 4 PERSONEN

- 1 Bund Suppengrün
- 1 Scheibe Ochsenbein (ca. 500 g)
- 1–2 kleine Zwiebeln
- 25 g getrocknete Steinpilze
- Salz ♥ Pfeffer
- 1–2 Lorbeerblätter
- 3–4 Wacholderbeeren
- 1–2 Gewürznelken
- 2 Eier (Gr. M)
- 100 ml Milch
- Fett für die Tassen
- 2 EL Haselnussblättchen
- *Alufolie*

1 FÜR DIE BOUILLON Suppengrün putzen bzw. schälen und waschen. Hälfte grob würfeln. Fleisch abspülen. Zwiebeln samt Schale halbieren. Schnittflächen in einem heißen Topf anrösten. Fleisch, Suppengrünwürfel, 1,5 l Wasser, getrocknete Pilze, 1–2 TL Salz und Gewürze zufügen. Alles aufkochen und ca. 2 Stunden köcheln.

2 FÜR DEN EIERSTICH Eier, Milch und etwas Salz verquirlen. In zwei gefettete Tassen füllen. Haselnüsse darüberstreuen. Mit Alufolie verschließen. Im Topf im heißen Wasserbad zugedeckt 30–40 Minuten stocken lassen. Eierstich stürzen und auskühlen lassen.

3 Rest Suppengrün in feine Streifen schneiden. Fleisch herausnehmen, Brühe durchsieben. Gemüsestreifen darin 3–5 Minuten köcheln. Brühe mit Salz und Pfeffer abschmecken. Eierstich würfeln und mit Brühe in Suppentassen anrichten.

ZUBEREITUNGSZEIT ca. 2 ½ Std.
PORTION ca. 150 kcal
E 10 g · F 9 g · KH 7 g

KLARE BRÜHE

Damit die Bouillon klar bleibt, nur leicht sieden lassen und entstehenden Schaum abschöpfen.

Kürbis-Ricotta-Ravioli mit Garnelen

ZUTATEN FÜR 4 PERSONEN

- 12 rohe Garnelen (ca. 240 g; ohne Kopf, mit Schale; frisch oder TK)
- 1 kleine Zwiebel
- 400 g Butternutkürbis
- 3 EL Olivenöl
- 4 EL cremiger Ricotta
- Salz ♥ Pfeffer (z. B. grober)
- ½ Packung (250 g) Nudelteig (Kühlregal)
- 1 Eiweiß ♥ 1 Knoblauchzehe
- 1 Bio-Orange
- 4 Stiele Basilikum
- 5 EL Butter

1 Garnelen evtl. auftauen lassen. FÜR DIE FÜLLUNG Zwiebel schälen und fein würfeln. Kürbis waschen, entkernen, schälen und klein würfeln. 1 EL Öl in einem Topf erhitzen. Zwiebel und Kürbis darin unter Rühren 10–15 Minuten weich dünsten. Ricotta einrühren und alles mit einem Stabmixer fein pürieren. Mit Salz und Pfeffer würzen.

2 Nudelteig entrollen. Aus der Teigplatte mit verschiedenen Ausstechförmchen (z. B. Sterne, Halbmonde und Kreise) ca. 40 Motive ausstechen, dabei muss jedes Motiv doppelt sein. Auf die Hälfte der Motive je ca. 1 TL Füllung in die Mitte geben. Teigränder mit verquirltem Eiweiß bestreichen und die passenden Teigmotive darauflegen. Am Rand zusammendrücken.

3 Garnelen schälen, am Rücken längs einritzen und den dunklen Darm entfernen. Garnelen abspülen, trocken tupfen und längs halbieren. Knoblauch schälen und in hauchdünne Scheiben schneiden. Orange heiß waschen und die Schale mit einem Zestenreißer abziehen oder dünn mit einem Messer abschälen und in Streifen schneiden. Orange auspressen. Basilikum waschen, Blättchen grob schneiden.

4 Salzwasser in einem Topf aufkochen. Ravioli darin portionsweise ca. 5 Minuten gar ziehen lassen. Mit einer Schaumkelle herausheben und abtropfen lassen.

5 2 EL Öl in einer Pfanne erhitzen. Garnelen darin unter Wenden ca. 3 Minuten braten. Mit Salz und Pfeffer würzen. Knoblauch kurz mitbraten. Mit Orangensaft ablöschen. Butter in einer zweiten großen Pfanne schmelzen. Orangenschale und Ravioli darin erhitzen, Basilikum unterheben. Mit Garnelen auf Tellern anrichten. Mit grobem Pfeffer bestreuen.

ZUBEREITUNGSZEIT ca. 1 ¼ Std.
PORTION ca. 410 kcal
E 19 g · F 22 g · KH 31 g

RESTLICHER NUDELTEIG

Die andere Hälfte des Nudelteigs können Sie einfrieren oder ca. 3 Tage im Kühlschrank lagern. Daraus können Sie z. B. Bandnudeln oder Fleckerl schneiden und als Einlage für klare Suppen (wie die Rinderbouillon links) servieren.

Julschinken mit Senfkruste

ZUTATEN FÜR 6–8 PERSONEN

- 2 kg gepökelter Schweineschinkenbraten (beim Fleischer 1–2 Wochen vorher bestellen)
- 3–4 Lorbeerblätter ♥ 1 TL Wacholderbeeren
- 1 EL Pfefferkörner ♥ 1 TL Pimentkörner
- 200 g Semmelbrösel ♥ 1 TL Zucker
- 5 EL mittelscharfer Senf
- 3 Eier (Gr. M) ♥ Salz ♥ Pfeffer
- 2 EL Honig ♥ 2 gestrichene TL Speisestärke
- 1 Bund Schnittlauch

1 FÜR DEN SCHINKEN Fleisch abspülen und mit den Gewürzen in einen großen Topf geben. Mit Wasser bedecken und aufkochen. Zugedeckt bei schwacher Hitze ca. 2 ¼ Stunden köcheln.

2 FÜR DIE KRUSTE inzwischen Semmelbrösel, Zucker, 3 EL Senf und Eier verkneten. Mit Salz und Pfeffer würzen.

3 Schinken aus dem Sud heben, abtropfen lassen und auf die Fettpfanne setzen. 10–15 Minuten ruhen lassen. Gut 600 ml Sud für die Soße abmessen. Senfmasse auf dem Schinken verteilen und etwas andrücken. Im vorgeheizten Backofen (E-Herd: 200 °C/Umluft: 180 °C/Gas: s. Hersteller) 20–25 Minuten backen.

4 FÜR DIE SOSSE 600 ml Sud aufkochen. Honig einrühren und ca. 10 Minuten einkochen lassen. 2 EL Senf einrühren. Stärke und 3 EL kaltes Wasser glatt rühren. Soße damit binden. Mit Salz und Pfeffer abschmecken.

5 Schnittlauch waschen, fein schneiden. Schinken am besten mit einem elektrischen Messer in Scheiben schneiden. Mit Soße und Schnittlauch anrichten. Dazu passen Rotkohl und Kartoffelplätzchen.

ZUBEREITUNGSZEIT ca. 3 ¼ Std.
PORTION ca. 430 kcal
E 82 g · F 11 g · KH 32 g

ENTSPANNT FEIERN

Den Schinkenbraten können Sie auch schon am Vortag garen. Dann erst wieder im Sud erhitzen, abtropfen lassen und mit der Senfkruste überbacken.

Kasseler-Spießbraten auf Jägerkraut

ZUTATEN FÜR 6–8 PERSONEN
- 3 Zwiebeln
- 750 g Champignons
- 125 g geräucherter durchwachsener Speck
- 4 EL Öl • Pfeffer • Salz
- 2 Dosen (à 850 ml) Sauerkraut
- 1–2 Lorbeerblätter
- 1 TL klare Brühe (instant)
- 1,5 kg ausgelöstes Kasselerkotelett
- ca. 1 TL Spießbraten- oder Grillgewürz
- 1 TL getrockneter Majoran

1 Zwiebeln schälen und würfeln. Pilze putzen, kurz waschen und in Scheiben schneiden. Speck fein würfeln.

2 1 EL Öl in einem großen Bräter erhitzen. Speck darin knusprig braten und herausnehmen. 1 EL Öl im Speckfett erhitzen. Zwiebeln und Pilze darin portionsweise unter Wenden anbraten. Mit Pfeffer und wenig Salz würzen. Sauerkraut, Speck, Lorbeer, ca. 375 ml Wasser zufügen. Brühe einrühren und alles aufkochen.

3 Kasseler abspülen, trocken tupfen, evtl. mehrmals kreuzweise einschneiden und auf das Kraut setzen. Spießbratengewürz, Majoran und 2 EL Öl verrühren. Kasseler damit bestreichen. Alles offen im vorgeheizten Backofen (E-Herd: 200 °C/Umluft: 180 °C/Gas: s. Hersteller) 1–1 ¼ Stunden schmoren. Kraut dabei öfter umrühren. Braten herausnehmen. Kraut mit Pfeffer und eventuell Salz abschmecken. Dazu schmecken Petersilienkartoffeln.

ZUBEREITUNGSZEIT ca. 1 ¾ Std.
PORTION ca. 490 kcal
E 46 g · F 30 g · KH 5 g

Joghurt-Schokoladen-Torte mit Mandarinen

ZUTATEN FÜR CA. 12 STÜCKE

- 150 g Butter
- 200 g Löffelbiskuits
- 2 Dosen (à 314 ml) Mandarinen
- 600 g Schmand
- 150 g Vollmilchjoghurt
- 1 Päckchen Vanillepuddingpulver (ohne Kochen)
- 400 g Schlagsahne
- 3 TL Zucker
- 2 Päckchen Sahnesteif
- 100 g Schokoriegel mit Erdbeer-Joghurt-Füllung
- *1 Gefrierbeutel* ♥ *Backpapier*

1 FÜR DEN BRÖSELBODEN Butter schmelzen und abkühlen lassen. Kekse in einem Gefrierbeutel mit einer Teigrolle fein zerbröseln. Mit Butter vermengen. Eine Springform (26 cm Ø) am Boden mit Backpapier auslegen. Bröselmasse in der Form mit einem Esslöffel zum Boden andrücken. Ca. 45 Minuten kalt stellen. Boden lösen und das Backpapier entfernen. Boden zurück in die Springform setzen.

2 FÜR DIE CREME Mandarinen gut abtropfen lassen. Schmand, Joghurt und Puddingpulver mit den Schneebesen des Rührgeräts glatt rühren. Auf den Bröselboden streichen. Mandarinen darauf verteilen.

3 Sahne steif schlagen, dabei Zucker und Sahnefestiger einrieseln lassen. Sahne auf den Mandarinen verteilen. Torte ca. 45 Minuten kalt stellen.

4 Schokoriegel in Scheiben schneiden und die Torte damit verzieren.

ZUBEREITUNGSZEIT ca. 30 Min. + Wartezeit ca. 1 ½ Std.
STÜCK ca. 480 kcal
E 5 g · F 38 g · KH 30 g

Punschherzen

ZUTATEN FÜR 3 HERZEN (À CA. 6 STÜCKE)

- Fett für die Formen
- 250 g weiche Butter
- 200 g + 150 g Zucker
- 1 Päckchen Vanillezucker
- 1 TL Lebkuchengewürz ♥ Salz
- 450 g Mehl ♥ 1 Päckchen Backpulver
- 3 Eier (Gr. M) ♥ 375 ml + 150 ml Rotwein
- 3 EL brauner Rum ♥ 1 Zimtstange
- 4 Gewürznelken ♥ ¼ TL gemahlener Ingwer
- Dekorzucker (z. B. rosafarbener) und Puderzucker zum Bestreuen
- *Holzspieß*

1 3 kleine Formen (à ca. 500 ml Inhalt; z. B. Herz- oder Napfkuchenformen) gut fetten. FÜR DEN TEIG Butter, 200 g Zucker, Vanillezucker. Lebkuchengewürz und 1 Prise Salz cremig rühren. Mehl und Backpulver mischen. Eier , 375 ml Wein, 1 EL Rum und Mehlmischung kurz unterrühren.

2 Je ⅓ Teig in eine Form füllen und glatt streichen. Die Kuchen im vorgeheizten Backofen (E-Herd: 180 °C/ Umluft: 160 °C/Gas: s. Hersteller) ca. 30 Minuten backen.

3 FÜR DEN SIRUP 150 ml Wein, 150 g Zucker, Zimt, Nelken, Ingwer in einem Topf ca. 10 Minuten offen bei starker Hitze sirupartig einkochen. Zimt und Nelken entfernen, 2 EL Rum einrühren.

4 Kuchen in den Formen kurz abkühlen lassen, dann vorsichtig stürzen und auf ein Tablett oder Backblech legen. Mit einem Holzspieß mehrmals einstechen. Die warmen Kuchen mit Sirup beträufeln und auskühlen lassen. Mit Dekor- und Puderzucker bestreuen.

ZUBEREITUNGSZEIT ca. 1 Std. + Wartezeit ca. 2 Std.
STÜCK ca. 300 kcal
E 4 g · F 13 g · KH 38 g

GROSSES HERZ

Wer keine drei kleinen Backformen hat, kann den Teig auch in eine große Form geben. Die Backzeit erhöht sich dann auf ca. 50 Minuten.

Lassen sich gut einfrieren

Birnen-Spekulatius-Crumble

ZUTATEN FÜR 4 PERSONEN
- 2 reife Birnen
- 1 Päckchen Vanillezucker
- 4 EL Zitronensaft
- 3 EL brauner Zucker
- 75 g getrocknete Cranberrys
- 75 g Butter
- 100 g Mehl
- 40 g gemahlene Mandeln
- ½ TL Spekulatiusgewürz ♥ Salz
- 1 EL Puderzucker

1 FÜR DAS KOMPOTT Birnen schälen, vierteln, entkernen und in Würfel schneiden. Birnenwürfel, Vanillezucker, Zitronensaft und 1 EL Zucker in einem Topf aufkochen und ca. 5 Minuten köcheln. Cranberrys untermischen, ca. 1 Minute weiterköcheln und Topf vom Herd nehmen.

2 FÜR DIE STREUSEL Butter in einem kleinen Topf schmelzen. Mehl, Mandeln, Spekulatiusgewürz, 2 EL Zucker und 1 Prise Salz in einer Schüssel mischen. Butter zufügen und alles mit den Fingern zu Streuseln verarbeiten.

3 Kompott in vier ofenfesten Gläsern (à ca. 150 ml Inhalt) oder einer Auflaufform verteilen. Streusel daraufstreuen. Im vorgeheizten Backofen (E-Herd: 200 °C/Umluft: 180 °C/Gas: s. Hersteller) 15–20 Minuten backen. Etwas abkühlen lassen und mit Puderzucker bestäubt servieren.

ZUBEREITUNGSZEIT ca. 50 Min.
PORTION ca. 440 kcal
E 5 g · F 22 g · KH 62 g

Donauwellen-Puffer*

ZUTATEN FÜR CA. 16 STÜCKE

- 1 Glas (720 ml) Kirschen
- 300 g weiche Butter
- 300 g Zucker
- 1 Päckchen Vanillezucker • Salz
- 6 Eier (Gr. M)
- 300 g Mehl • 2 TL Backpulver
- 3 EL Kakao • 2 EL Milch
- Fett und Mehl für die Form
- 150 g Zartbitterschokolade
- 100 g Schlagsahne
- 15 g Kokosfett (z. B. Palmin)
- 50 g Vollmilchschokolade

1 FÜR DEN TEIG Kirschen in einem Sieb gut abtropfen lassen. Butter, Zucker, Vanillezucker und 1 Prise Salz mit den Schneebesen des Rührgeräts cremig rühren. Eier einzeln unterrühren. Mehl und Backpulver mischen, kurz unterrühren. Teig halbieren. Unter eine Hälfte Kakao und Milch rühren.

2 Hälfte hellen Teig in einer gefetteten, mit Mehl ausgestäubten Gugelhupfform (2,5 l Inhalt) verteilen und glatt streichen. Hälfte dunklen Teig daraufstreichen. Hälfte Kirschen darüberstreuen. Rest Teig und Kirschen ebenso darauf verteilen.

3 Kuchen im vorgeheizten Backofen (E-Herd: 180 °C/Umluft: 160 °C/Gas: s. Hersteller) ca. 1 Stunde backen (Stäbchenprobe!). Kuchen ca. 10 Minuten in der Form abkühlen lassen, dann stürzen und auskühlen lassen.

4 FÜR DEN GUSS Zartbitterschokolade in Stücke teilen. Sahne und Kokosfett erhitzen, Schokolade darin schmelzen. Guss ca. 5 Minuten abkühlen lassen, dann kräftig durchrühren. Kuchen mit dem Guss überziehen.

5 Von der Vollmilchschokolade mit einem Sparschäler Röllchen abziehen. Noch feuchten Guss damit bestreuen. Trocknen lassen.

ZUBEREITUNGSZEIT ca. 1 ½ Std. + Wartezeit ca. 3 Std.
STÜCK ca. 450 kcal
E 7 g · F 26 g · KH 44 g

** Puffer ist ein norddeutscher Begriff für Napfkuchen aus der Gugelhupf- oder Kranzform.*

Lässt sich gut einfrieren

Agnes-Bernauer-Torte

ZUTATEN FÜR CA. 16 STÜCKE

- 6 Eier + 2 Eiweiß (Gr. M)
- 125 g + 200 g + 150 g Zucker
- 40 g + 2 EL Kartoffelmehl
- 600 ml Milch ♥ 3 EL Espressopulver (instant)
- 200 g gemahlene Mandeln ♥ 3 TL Kakao
- 1 TL Zimt ♥ Salz
- 125 g Mandelblättchen ♥ 250 g weiche Butter
- 3 EL Kaffeelikör ♥ 2 EL Puderzucker
- *Frischhaltefolie ♥ Backpapier*

1 FÜR DEN PUDDING Eier trennen. Eiweiß kalt stellen. 6 Eigelb, 125 g Zucker und 40 g Kartoffelmehl mit den Schneebesen des Rührgeräts glatt rühren. Milch und Espressopulver aufkochen. Langsam ca. 100 ml heiße Espressomilch unter Rühren in die Eimasse gießen, dann alles in die übrige Espressomilch rühren. Unter Rühren aufkochen und ca. 1 Minute köcheln. Pudding in eine Schüssel füllen, mit Folie zugedeckt auskühlen lassen.

2 FÜR DIE BAISERBÖDEN gemahlene Mandeln, 200 g Zucker, 2 EL Kartoffelmehl, Kakao und Zimt mischen. 8 Eiweiß und 1 Prise Salz steif schlagen, dabei 150 g Zucker einrieseln lassen. Mandelmischung unterheben. Ca. ⅕ der Masse in eine am Boden mit Backpapier ausgelegte Springform (26 cm Ø) streichen, rundherum ca. 1 cm Rand frei lassen. Rest Masse kalt stellen.

3 Mandelbaiser im vorgeheizten Backofen (E-Herd: 180 °C/Umluft: 160 °C/Gas: s. Hersteller) ca. 20 Minuten backen. Auskühlen lassen. Aus der restlichen Masse ebenso 4 Böden backen.

4 Mandelblättchen inzwischen in einer Pfanne ohne Fett goldbraun rösten.

5 FÜR DIE CREME Butter und Likör ca. 10 Minuten weißcremig rühren. Pudding esslöffelweise unterrühren. 1. Boden mit ⅙ Creme bestreichen. Den 2. Boden daraufsetzen und ebenfalls bestreichen. Wiederholen, bis alle Böden aufeinanderliegen. Torte rundherum mit Rest Creme einstreichen und mit Mandelblättchen verzieren. Ca. 2 Stunden kalt stellen. Mit Puderzucker bestäuben und mit Schokozäpfli verziert servieren.

ZUBEREITUNGSZEIT ca. 2½ Std. + Wartezeit ca. 4½ Std.
STÜCK ca. 450 kcal · E 9 g · F 28 g · KH 37 g

Schokozäpfli

FÜR 4 STÜCK

150 g schnittfestes Nussnougat in 3 größere und 1 kleines Stück teilen. Jedes Stück mit kühlen Händen zu einem Kegel formen. Alle Kegel rundherum mit ca. **30 g Schokoflakes** verzieren. Zäpfli ca. 1 Stunde kalt stellen.

Schoko-Nuss-Torte

ZUTATEN FÜR CA. 18 STÜCKE

- 1 Päckchen Vanillepuddingpulver
- 3 EL + 200 g + 150 g Zucker
- 100 ml + 300 ml Milch
- 7 Eier + 5 Eiweiß (Gr. M)
- 2 EL Kakao ♥ 6 EL Mehl
- 2 gestrichene TL Backpulver
- 250 g + 75 g Walnusskerne
- 3 TL flüssiger Honig ♥ 1 EL Kartoffelmehl
- 250 g weiche Butter
- ca. 50 g Haselnusskerne (ohne Haut)
- 4 Haselnusspralinen
- 200 g Schlagsahne
- 1 Würfel (25 g) Kokosfett (z. B. Palmin)
- 400 g Zartbitterkuvertüre ♥ *Backpapier*

1 FÜR DEN PUDDING Puddingpulver, 3 EL Zucker und 100 ml Milch glatt rühren. 300 ml Milch aufkochen. Puddingpulver einrühren und unter Rühren ca. 1 Minute köcheln. Auskühlen lassen, dabei ab und zu umrühren.

2 FÜR DEN BISKUIT 7 Eier trennen. 7 Eiweiß steif schlagen, 200 g Zucker einrieseln lassen. Erst 7 Eigelb, dann Kakao unterheben. 5 EL Mehl und Backpulver darübersieben, unterheben. Masse in am Boden mit Backpapier ausgelegte Springform (28 cm Ø) streichen. Im vorgeheizten Backofen (E-Herd: 180 °C/ Umluft: 160 °C/Gas: s. Hersteller) ca. 35 Minuten backen. Auskühlen lassen.

3 FÜR DAS NUSSBAISER 250 g Walnüsse hacken. 5 Eiweiß steif schlagen, 150 g Zucker einrieseln lassen. Nüsse, Honig, 1 EL Mehl und Kartoffelmehl unterheben. Masse in am Boden mit Backpapier ausgelegte Springform (28 cm Ø) streichen. Im heißen Ofen bei gleicher Temperatur ca. 20 Minuten backen. Ca. 10 Minuten abkühlen, aus der Form lösen und auskühlen lassen.

4 FÜR DIE BUTTERCREME Butter weißcremig aufschlagen. Pudding glatt rühren und esslöffelweise unterrühren

5 Biskuit waagerecht halbieren. Um unteren Boden Tortenring stellen. Hälfte Creme auf den Boden streichen. Nussbaiser darauflegen. Rest Creme daraufstreichen. Mit oberem Biskuit belegen. Ca. 2 Stunden kalt stellen.

6 Haselnüsse und 75 g Walnüsse rösten. Pralinen halbieren. Sahne und Kokosfett erhitzen. Kuvertüre hacken, zur Sahne geben und vom Herd ziehen. Nach ca. 5 Minuten glatt rühren. Torte damit, bis auf 2 EL, überziehen. Mit Pralinen, Nüssen und Rest Guss verzieren. Ca. 1 Stunde kalt stellen.

ZUBEREITUNGSZEIT ca. 2 Std. + Wartezeit ca. 4 Std.
STÜCK ca. 590 kcal
E 10 g · F 39 g · KH 45 g

Lässt sich ohne Deko einfrieren

Berliner vom Blech mit Pflaumenmus

ZUTATEN FÜR 12 STÜCK

- 1 Würfel (42 g) Hefe
- 60 g + 60 g Zucker
- 125 g + 75 g Butter
- 150 ml Milch
- 500 g Mehl ♥ Salz
- 2 Eier (Gr. M)
- ca. 250 g Pflaumenmus
- Fett für die Fettpfanne
- 2 EL Puderzucker

1 FÜR DEN TEIG Hefe in eine kleine Schüssel bröckeln und mit 60 g Zucker flüssig rühren. 125 g Butter in einem Topf schmelzen. Milch zugießen, vom Herd nehmen. Mehl und 1 Prise Salz in eine Rührschüssel geben. Eier und Hefe zufügen. Milchmischung zugießen und alles zu einem glatten Teig verkneten. Zugedeckt an einem warmen Ort ca. 1 Stunde gehen lassen.

2 Pflaumenmus in einen Spritzbeutel mit kleiner Lochtülle füllen. Hefeteig nochmals kurz durchkneten. In 12 gleich große Portionen teilen und zu Kugeln formen. In jede Kugel etwas Pflaumenmus spritzen. Teigkugeln in gleichmäßigem Abstand auf einer gefetteten Fettpfanne (ca. 32 x 39 cm) verteilen. Zugedeckt nochmals ca. 15 Minuten gehen lassen.

3 75 g Butter schmelzen. Teigkugeln damit bestreichen. 60 g Zucker darüberstreuen. Im vorgeheizten Backofen (E-Herd: 200 °C/Umluft: 180 °C/Gas: s. Hersteller) ca. 20 Minuten backen. Lauwarm abkühlen lassen. Mit Puderzucker bestäuben.

ZUBEREITUNGSZEIT ca. 45 Min. + Gehzeit ca. 1 ¼ Std.
STÜCK ca. 390 kcal
E 7 g · F 16 g · KH 52 g

Quark-Butter-Stollen

ZUTATEN FÜR 1 STOLLEN (CA. 20 SCHEIBEN)

- ♥ 125 g Sultaninen ♥ 125 g Korinthen
- ♥ 25 g Zitronat ♥ 25 g Orangeat
- ♥ abgeriebene Schale von 1 Bio-Zitrone
- ♥ 6 EL Rum ♥ 600 g Mehl
- ♥ 1 ½ Päckchen Backpulver
- ♥ 250 g Zucker ♥ Salz
- ♥ 2 Eier (Gr. M)
- ♥ 125 g + 75 g weiche Butter
- ♥ 50 g weiches Schweineschmalz
- ♥ 300 g Speisequark (20 % Fett)
- ♥ 1 Päckchen (7,5 g) Christstollengewürz
- ♥ 125 g gemahlene Haselnüsse
- ♥ 200 g Mandelblättchen
- ♥ Mehl zum Bearbeiten
- ♥ ca. 3 EL Puderzucker
- ♥ *Backpapier* ♥ *Alufolie*

1 Sultaninen, Korinthen, Zitronat, Orangeat, Zitronenschale und Rum in einer Schüssel mischen. Mindestens 1 Stunde ziehen lassen.

2 Mehl, Backpulver, Zucker, 1 Prise Salz, Eier, 125 g Butter, Schmalz, Quark und Stollengewürz zunächst mit den Knethaken des Rührgeräts, dann mit den Händen zu einem glatten Teig verkneten. Eingeweichte Früchte, Haselnüsse und Mandeln unterkneten.

3 Teig auf einer bemehlten Fläche mit der Hand zu einem Rechteck (ca. 20 x 30 cm) drücken. Im äußeren Drittel einer langen Seite mit der Hand eine Rille eindrücken. Von der gegenüberliegenden langen Seite Teig nicht ganz bis zum Ende umklappen. Am Knick den Teig etwas flach drücken, damit die typische Stollenform entsteht.

4 Stollen auf ein mit Backpapier ausgelegtes Blech legen. Im vorgeheizten Backofen (E-Herd: 180 °C/Umluft: 160 °C/Gas: s. Hersteller) ca. 1 ½ Stunden backen. Nach ca. 1 Stunde Backzeit Stollen mit Alufolie zudecken und ein weiteres Backblech darunterschieben, damit er außen nicht zu dunkel wird.

5 75 g Butter schmelzen. Stollen herausnehmen, noch heiß mit Butter einstreichen, bis sie verbraucht ist. Dann mit Puderzucker bestäuben. Stollen auskühlen lassen.

ZUBEREITUNGSZEIT ca. 2 ¼ Std. + Wartezeit ca. 1 Std.
SCHEIBE ca. 440 kcal
E 8 g · F 23 g · KH 45 g

Marzipan-Lebkuchen-Tiramisu

ZUTATEN FÜR 6–8 PERSONEN
- 150 ml kalter Kaffee
- ½ TL Lebkuchengewürz
- 250 g Mascarpone
- 250 g Sahnequark
- 1 Päckchen Vanillezucker
- 125 g Zucker
- 3 EL Amaretto (italienischer Mandellikör)
- 1 Glas (370 ml) Kirschen
- 1 TL Speisestärke
- 200 g Löffelbiskuits
- 150 g Marzipankartoffeln
- Kakao zum Bestäuben

1 Kaffee mit Lebkuchengewürz verrühren. FÜR DIE CREME Mascarpone, Quark, Vanillezucker, Zucker und Amaretto verrühren.

2 FÜR DAS KOMPOTT Kirschen abgießen und Saft dabei auffangen. Stärke mit 2 EL Saft glatt rühren, übrigen Saft aufkochen. Stärke einrühren, aufkochen und 2–3 Minuten köcheln. Kirschen unterheben. Etwas abkühlen lassen.

3 Hälfte Löffelbiskuits dicht nebeneinander auf dem Boden einer eckigen Form (ca. 16 x 22 cm) verteilen. Ca. Hälfte Gewürzkaffee darüberträufeln, ca. Hälfte Creme auf den Löffelbiskuits verstreichen. Kirschkompott darauf verteilen. Übrige Löffelbiskuits auf die Creme legen, mit übrigem Kaffee beträufeln. Restliche Creme darauf verstreichen. Mindestens 6 Stunden, am besten über Nacht, kalt stellen.

4 Vor dem Servieren Marzipankartoffeln halbieren und auf das Tiramisu legen. Mit reichlich Kakao bestäuben.

ZUBEREITUNGSZEIT ca. 25 Min. + Wartezeit mind. 6 Std.
PORTION ca. 480 kcal
E 7 g · F 20 g · KH 62 g

Mandelmuffins mit Schoko-Rentieren

ZUTATEN FÜR 12 STÜCK

- 125 g weiche Karamellbonbons (z. B. „Sahne Muh-Muhs“) ♥ 2 EL Milch
- 150 g + 75 g weiche Butter
- 75 g Zucker
- 1 Päckchen Vanillezucker ♥ Salz
- 2 Eier (Gr. M) ♥ 200 g Mehl
- ½ Päckchen Backpulver
- 75 g gehackte Mandeln
- 100 g Puderzucker
- 250 g Doppelrahmfrischkäse
- *12 Papierbackförmchen (à 5 cm Ø; z. B. braune)*

1 Bonbons hacken. Mit Milch in einem kleinen Topf erwärmen und glatt rühren. 150 g Butter, Zucker, Vanillezucker und 1 Prise Salz mit den Schneebesen des Rührgeräts cremig rühren. Eier einzeln unterrühren. Mehl, Backpulver und Mandeln mischen, abwechselnd mit der Karamellmilch unterrühren.

2 Papierbackförmchen in 12 Mulden eines Muffinblechs legen. Teig darin verteilen. Im vorgeheizten Backofen (E-Herd: 180 °C/Umluft: 160 °C/Gas: s. Hersteller) ca. 20 Minuten backen. Auskühlen lassen.

3 75 g Butter und Puderzucker cremig rühren. Frischkäse zufügen und Masse aufschlagen. Creme in einen Spritzbeutel mit großer Sterntülle füllen. Auf jeden Muffin 1 großen Cremetuff spritzen. Muffins ca. 30 Minuten kalt stellen. Jeweils 1 Schoko-Rentier (s. Anleitung unten) daraufsetzen.

ZUBEREITUNGSZEIT ca. 1 ½ Std. + Wartezeit ca. 1 Std.
STÜCK ca. 400 kcal
E 5 g · F 26 g F · KH 36 g

RENTIER-BAUSATZ

FÜR 12 RENTIERE

25 g Vollmilchschokolade in einen **Gefrierbeutel** geben, im Wasserbad schmelzen. **24 Eiskonfektpralinen** (Abb. 2+6) aus der Folie nehmen. **100 g Marzipanrohmasse** mit **½ EL Kakao** verkneten, ausrollen und 24 Geweihe (Abb. 1; ca. 3 cm lang) und 12 Schnauzen (Abb. 4; ca. 2,3 cm Ø) ausstechen. **6 grüne Gummischnüre mit Zuckerüberzug** (Abb. 7) halbieren. Auf 12 Konfektunterseiten mit Schokolade die Schnauzen aufkleben. In die Mitte jeder Schnauze 1 kleine **rote Schokolinse** (Abb. 5; insgesamt 12 Stück) kleben. Je **2 Zuckeraugen** (Abb. 3) mit Schokolade auf die Konfektaußenseite kleben, Geweih auf der Oberseite befestigen. Fest werden lassen. Dann jeden Rentierkopf auf einen Eiskonfektkörper kleben. Schnüre als Schal um den Hals legen. Kalt stellen.

ZUBEREITUNGSZEIT ca. 30 Min. + Wartezeit ca. 30 Min.

Bratäpfel mit Marzipan und beschwipster Sahne

ZUTATEN FÜR 6–8 PERSONEN

- 100 g getrocknete Datteln (ohne Stein)
- 400 g Marzipanrohmasse
- 100 g gehackte Mandeln
- 8 kleine Äpfel
- 1–2 EL brauner Zucker
- 7–8 EL Butter
- 400 ml Apfelsaft
- 300–400 g Schlagsahne
- 7–8 EL Whiskey-Sahne-Likör
- 1–2 EL Puderzucker

1 FÜR DIE FÜLLUNG Datteln fein würfeln. Marzipan grob zerkleinern, mit Datteln und Mandeln verkneten.

2 Äpfel waschen, halbieren und die Kerngehäuse herausschneiden. Marzipanmasse in die Äpfel verteilen und leicht andrücken.

3 Äpfel in eine große ofenfeste Form setzen. Zucker darüberstreuen. Butter in Stückchen darauf verteilen. Apfelsaft angießen. Im vorgeheizten Backofen (E-Herd: 200 °C/Umluft: 180 °C/Gas: s. Hersteller) ca. 25 Minuten braten.

4 Sahne steif schlagen und den Likör kurz unterziehen. Äpfel mit Puderzucker bestäuben und mit der Sahne servieren. Dazu schmeckt Vanilleeis.

ZUBEREITUNGSZEIT ca. 50 Min.
STÜCK ca. 330 kcal
E 5 g · F 21 g · KH 27 g

GARPUNKT

Die Äpfel sind genau richtig, wenn die Haut beginnt aufzuplatzen. Sollte die Füllung zu dunkel werden, einen Bogen Backpapier über die Äpfel legen.

FRÜHLING

- **RHABARBER**
  Anfang März
  bis 24. Juni
- **BÄRLAUCH**
  Mitte März
  bis Mitte Mai
- **WILDKRÄUTER**
  ab Mitte März
- **SPINAT**
  frühe Sorten
  ab Mitte März

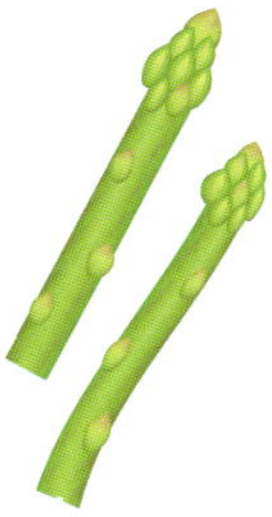

- **SPARGEL**
  Anfang April bis
  24. Juni
- **RADIESCHEN**
  frisch und knackig
  ab Anfang Mai
- **NEUE KARTOFFELN**
  ab Anfang Mai
- **SPITZKOHL**
  Ernte beginnt
  Mitte Mai

- **KOHLRABI**
  zarte Knollen
  ab Mitte Mai
- **WALDMEISTER**
  Anfang Mai
  bis Anfang Juni
- **ERDBEEREN**
  frühe Sorten
  ab Mitte Mai
- **HOLUNDERBLÜTEN**
  je nach Witterung
  ab Mitte/Ende Mai

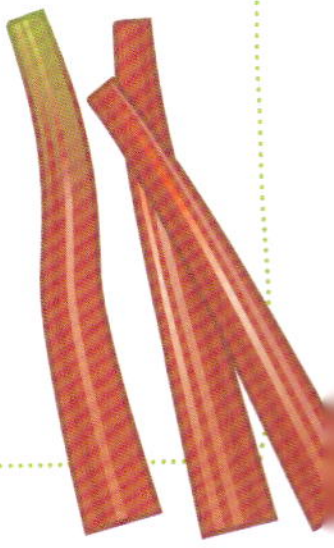

SOMMER

- **ERBSEN**
  Anfang Juni bis
  Ende August
- **BLUMENKOHL**
  Freilandware ab Juni
- **SALATGURKEN**
  Mitte Juni bis
  Ende August
- **BROKKOLI**
  Freilandware
  ab Mitte Juni
- **MÖHREN**
  jung und zart
  ab Mitte Juni
- **ZUCCHINI**
  Haupternte im
  Juli und August
- **BUSCH- UND STANGENBOHNEN**
  Ernte beginnt Anfang Juli

- **SCHMORGURKEN**
  größtes Angebot
  ab Mitte Juli
- **TOMATEN**
  sonnenverwöhnt
  ab Mitte Juli
- **PFIFFERLINGE**
  je nach Witterung
  ab Mitte Juli
- **PAPRIKA**
  Freilandware
  ab Mitte Juli
- **MAIS**
  zuckersüß
  ab Mitte August

- **ERDBEEREN**
  je nach Sorte von Anfang
  Juni bis Ende August
- **KIRSCHEN**
  Anfang Juni bis
  Ende August
- **APRIKOSEN**
  Mitte Juni bis
  Ende August
- **JOHANNISBEEREN**
  Mitte Juni bis
  Ende August
- **STACHELBEEREN**
  Mitte Juni bis
  Ende August
- **HIMBEEREN**
  ab Ende Juni
- **HEIDELBEEREN**
  Mitte Juli bis
  Ende August
- **SOMMERPFLAUMEN**
  erntereif ab Anfang Juli

SAISONKALENDER

Was gibt es Schöneres, als im Frühjahr den ersten Spargel zu genießen oder im Sommer sonnenverwöhnte Früchte zu verzehren? Welche Gemüse- und Obstsorten es zu welcher Jahreszeit gibt, finden Sie auf einen Blick in dieser Übersicht

HERBST

- **ZWIEBELN**
  Haupternte
  im September
- **KARTOFFELN**
  je nach Sorte Ernte
  bis Ende Oktober
- **PILZE**
  je nach Witterung
  bis Ende Oktober
- **KÜRBIS**
  größte Sortenvielfalt
  ab September
- **ROTE BETEN**
  Anfang September
  bis Ende November
- **WIRSING**
  Erntebeginn
  im September
- **PORREE**
  Ernte dauert bis
  Ende November
- **ÄPFEL**
  je nach Sorte
  ab Ende August
- **HOLUNDERBEEREN**
  bis Ende September

- **ZWETSCHEN**
  je nach Witterung
  bis Anfang Oktober
- **BROMBEEREN**
  gibt es bis
  Mitte Oktober
- **BIRNEN**
  je nach Sorte bis
  Ende Oktober
- **HAGEBUTTEN**
  bis Ende Oktober
- **QUITTEN**
  ab Ende Oktober

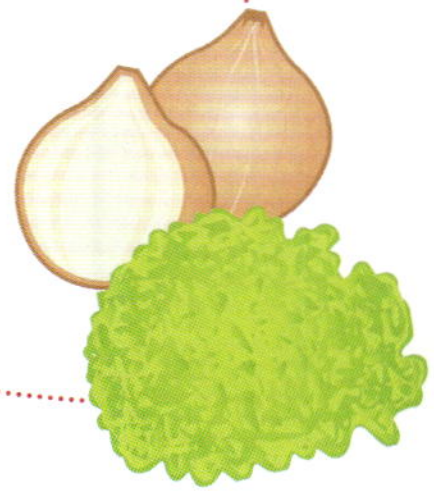

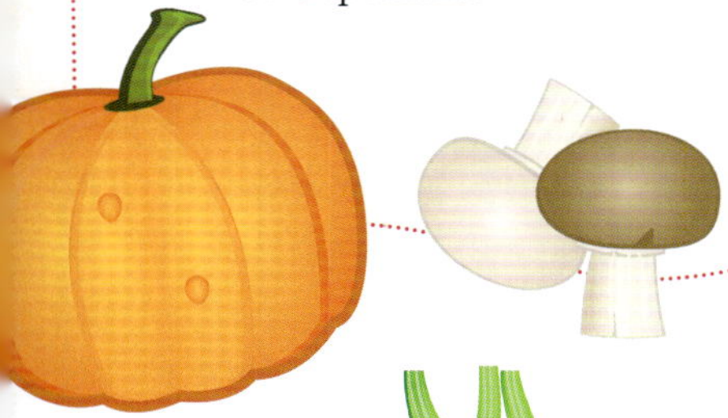

WINTER

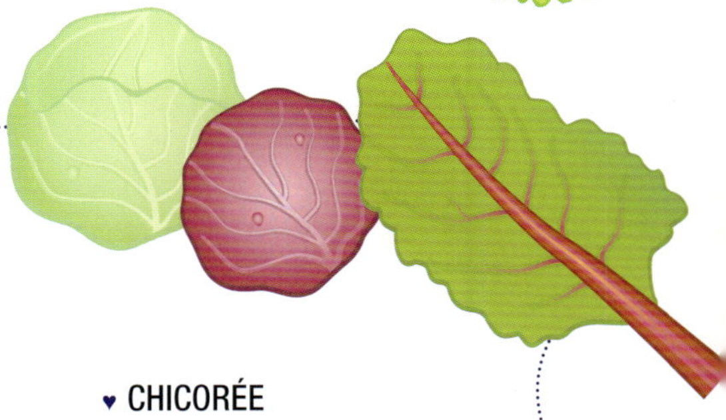

- **WEISSKOHL**
  größtes Angebot
  bis Ende Januar
- **STECKRÜBEN**
  werden gelagert
  bis Ende Januar
- **ROSENKOHL**
  verfügbar bis
  Ende Januar
- **ROTKOHL**
  wird eingelagert
  bis Ende Februar
- **KNOLLENSELLERIE**
  Hauptsaison bis
  Ende Februar
- **GRÜNKOHL**
  vom ersten Frost
  bis Ende Februar
- **FELDSALAT**
  frostfest, wird den
  ganzen Winter über
  frisch geerntet
- **SCHWARZWURZELN**
  lagerfähig bis
  Anfang März
- **CHICORÉE**
  bis Ende Februar
- **ORANGEN**
  beste Qualität
  ab November
- **MANDARINEN**
  größtes Angebot
  bis Ende Februar

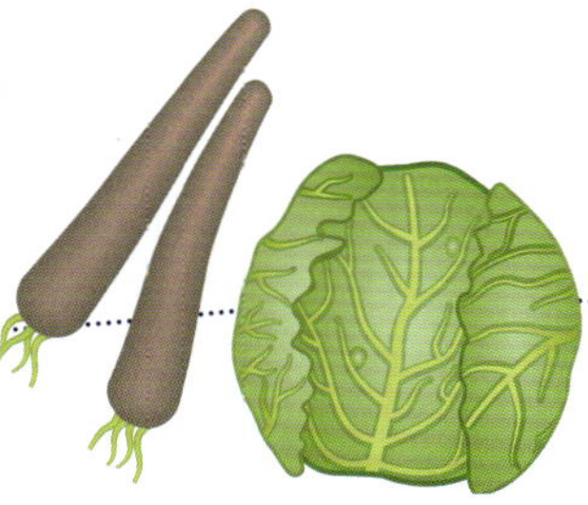

VON A BIS Z

A

B

C

D

E

F

G

H

J

K

L

M

N

O

P

Q

R

S

T

W

Z

kochen & genießen

Die müssen Sie haben!

Alle Bücher von **kochen & genießen** zusammen ergeben Ihre perfekte Kochbuchbibliothek für zu Hause. Über 170 Rezepte auf knapp 200 Seiten in jedem Band, um Freunde und Familie zu verwöhnen und als echter Meisterkoch zu glänzen!

190 Seiten, Hardcover, Foodfoto zu jedem Rezept

NUR 12,95 (D)
13,40 (A)

Der Klassiker seit rund 30 Jahren: Die Zeitschrift kochen & genießen – Ratgeber, Informationsquelle und Ideengeber auf Expertenniveau. Jeden Monat neu im Handel. Zum Sammeln und Immer-wieder-Nachschlagen!

Landfrauenküche
978-3-96292-001-2

Glück aus einem Topf
978-3-96292-002-9

Aufläufe und Gratins
978-3-96292-004-3

Blechkuchen
978-3-96292-003-6

MOEWIG